Hanna Dietz

»Schatz, brennt da grad was an?«

Mein Mann,
seine Grillzange
und ich

GOLDMANN

Originalausgabe

Der Verlag weist ausdrücklich darauf hin, dass im Text
enthaltene externe Links vom Verlag nur bis zum Zeitpunkt
der Buchveröffentlichung eingesehen werden konnten.
Auf spätere Veränderungen hat der Verlag keinerlei Einfluss.
Eine Haftung des Verlags ist daher ausgeschlossen.

 Dieses Buch ist auch als E-Book erhältlich.

MIX
Papier aus verantwor-
tungsvollen Quellen
FSC® C083411
FSC
www.fsc.org

Verlagsgruppe Random House FSC® N001967

1. Auflage
Originalausgabe April 2017
Copyright © 2017 by Wilhelm Goldmann Verlag, München,
in der Verlagsgruppe Random House GmbH,
Neumarkter Straße 28, 81673 München
Umschlaggestaltung: UNO Werbeagentur, München
Lektorat: Doreen Fröhlich
DF · Herstellung: RN
Druck und Einband: CPI books GmbH, Leck
Printed in Germany
ISBN: 978-3-442-15923-9
www.goldmann-verlag.de

Besuchen Sie den Goldmann Verlag im Netz:

Für den besten Ehemann von allen

Inhaltsverzeichnis

9

Wo Rauch ist, ist auch ein Mann mit Grill

Wenn die Leidenschaft lodert, ist BBQ-Time!

Wenn der Ehemann kaum noch zu Hause anzutreffen ist, er plötzlich ein jugendliches Leuchten in den Augen hat, ganz anders riecht als sonst und zudem noch ausgiebig von Schenkeln und Lenden schwärmt, werden Ehefrauen zwangsläufig misstrauisch. Und das aus gutem Grund. Es könnte nämlich eine ernsthafte Affäre dahinterstecken. Zum Beispiel mit einem Grill.

So war es jedenfalls bei uns.

Es ist wirklich erstaunlich. Bisher dachte ich, die Ereignisse, die das Leben einer Frau am meisten durcheinanderwirbeln, wären die Geburt eines Kindes oder der Wiedereinstieg in den Job. Vielleicht noch die gefürchtete 40. Dass jedoch auch die Anschaffung eines Kugelgrills zu den lebensverändernden Einschnitten gehört, davon hatte ich ja keine Ahnung! Nachdem der Grill bei uns eingezogen war, wurde mein Mann ein anderer als der, den ich geheiratet habe. Der einfache Würstchenbrutzler verwandelte sich in den Zwei-Zonen-Glut-Mann, Herrscher über die indirekte Hitze und Bezwinger des Fettbrands. Der, der einst das Nackenkotelett für eine kulinarische Sensation hielt, wagte sich auf einmal, ohne mit der Wimper zu zucken, an Hawaiianisches Huli-Huli-Hähnchen. Und meinte irgendwann ernsthaft, dass er eine Outdoorküche zum Leben braucht. Und ich frage mich wirklich, was in diesem Sommer mit ihm passiert ist. Denn im März fing die Grillsaison eigentlich an wie immer…

ENTFLAMMTE FRÜHLINGSGEFÜHLE

Die Grillsaison geht los!

Der Frühling hält Einzug. Das kann ich nicht nur an den knospenden Forsythien erkennen, die ihre gelben Blüten langsam öffnen, sondern vor allem am Aktivitätsgrad meines Mannes. Er ist ein bisschen wie ein Braunbär – im Winter hält er sich am liebsten in seiner warmen Höhle auf und döst vor sich hin. Doch sobald die Temperaturen steigen und es wieder länger hell ist, wird er unruhig, und sein Interesse an der Außenwelt erwacht. Ich ertappe ihn dabei, wie er am Fenster steht und in den Himmel blickt. Oder auf die Terrasse geht und in den Garten starrt. Und ich weiß, es dauert nicht mehr lange. An einem Mittwoch im März ist es so weit.

»Am Wochenende wird die Grillsaison eröffnet«, verkündet mein Mann und reibt sich die Hände. »Ahhh. Das wird toll!«

Die Kinder sind natürlich sofort Feuer und Flamme und schreien: »Jaaa! Grillen!«

Und ich lächele und denke, na gut, dann geht das wieder los. Auf unsere Notiztafel in der Küche notiert mein Mann unter der Rubrik Einkaufen:

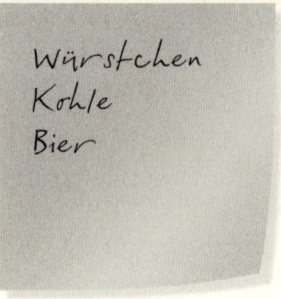

Würstchen
Kohle
Bier

Ich schreibe noch dazu:
Salat.

Am Samstagmorgen ist mein Mann aufgeregt wie ein Junge vor seinem zehnten Geburtstag. Wir zerren den Grill aus der Garage. Die erste Ernüchterung folgt. Irgendwie ist nach dem letzten Barbecue im vergangenen Jahr keiner auf die Idee gekommen, ihn sauber zu machen. Mit »keiner« meine ich natürlich meinen Mann. Der wirft einen kurzen Blick auf das versiffte Gerät und gibt bekannt: »Wir kaufen einen neuen.«

»Was?«, rege ich mich auf. »Natürlich kaufen wir keinen neuen. Das ist doch reine Geldverschwendung! Der müsste nur mal poliert werden.«

»Ich fass das Ding nicht an«, stellt er fest.

Wir stehen einen Moment unschlüssig vor dem Grill. Der Boden ist ascheverkrustet, und an dem Rost kleben verkokelte Fetzen Tierreste. Gammeldörrfleisch.

»Hast du nicht immer gesagt, das Tolle am Grillen ist, dass sich der Rost von alleine durch Abbrennen reinigt?«, frage ich.

»Stimmt«, fällt es ihm wieder ein. »Wir müssen ihn nur heiß genug machen.« Schon zieht er den Grill ans Ende des Gartens und schüttet reichlich Grillkohle und noch reichlicher Grillanzünder drauf. Kurz darauf meint man, bei uns im Garten stünde der Vesuv unmittelbar vor dem Ausbruch.

»Was macht ihr denn da?« Unser Nachbar zur Rechten, Herr Lubitz, steckt missmutig den Kopf durch den Kirschlorbeer. »Sendet ihr Rauchzeichen nach Alaska?«

»Wir reinigen den Grill«, informiert mein Mann sachlich und stochert mit einem Stock in dem Schwelbrand, so dass die Funken fliegen.

»Und ich dachte schon, ihr wollt das Wohnviertel ausräuchern«, brummt der Nachbar.

»Das geht gleich vorbei, Herr Lubitz«, sage ich eifrig. »Und dann werden die ersten Würstchen des Jahres gegrillt.« Ich gebe mir einen Ruck und frage: »Vielleicht wollen Sie ja auch eines?«

Die typische Nachbarschaftsbeschwichtigungstaktik: Regt sich einer über Lärm oder Grillgestank auf, lädt man ihn ein, um ihm den Wind aus den Segeln zu nehmen, in der sicheren Annahme, dass niemand so dreist ist, in eine fremde Runde reinzuplatzen. Wo doch jedem sonnenklar ist, dass man ihn schon längst eingeladen hätte, wenn man ihn denn wirklich dabeihaben wollte.

Mein Mann wirft mir sogleich einen strafenden Blick zu. Er hat seine persönliche Meinung zu Herrn Lubitz, dem stolzen Besitzer eines Laubsaugers, eines Häckslers, eines infernalisch lauten benzinbetriebenen Rasenmähers und diverser Heckenscheren, die er alle bevorzugt am Samstagmorgen um acht Uhr in Betrieb nimmt. Mein Mann ist nämlich sehr sensibel. Zumindest, wenn es um das Ausschlafen am Wochenende geht.

Als Antwort auf meine halbherzige Einladung kneift Herr Lubitz die Augen zusammen und beäugt misstrauisch, wie mein Mann den Rost auflegt.

»Die Flammen brennen jetzt alles weg«, prophezeit der und wirft noch eine Handvoll Grillanzünderklumpen dazu. Durch den Qualm riecht es chemisch.

»Also, Leute«, sagt Herr Lubitz. »Ich will mich ja nicht einmischen …« – jetzt bin ich es, die die Augen verdreht. Heimlich, natürlich. Herr Lubitz will sich nämlich nie einmischen, wenn er einem ungefragt Ratschläge zum korrekten Platzieren der Mülltonnen und der gesetzeskonformen Beseitigung des Herbstlaubs vom Bürgersteig erteilt – »… aber das ist eine Zumutung.« Sein Kopf verschwindet hinter dem Kirschlorbeer.

»Was macht er denn jetzt?«, frage ich ängstlich. »Meinst du, er holt die Polizei?«

»Ach was«, sagt mein Mann. »Der holt jetzt seine Frau und seine Enkel, und dann kommen die rüber und fressen uns die Würstchen weg. Das macht er.« Mein Mann hat auch eine persönliche Meinung zu meinem Hang zu voreiligen Einladungen und übereifrigen Entschuldigungen.

»Blödsinn«, sage ich und versuche, es überzeugend klingen zu lassen. »Jeder weiß, dass so eine Einladung nur eine leere Geste ist.« Mein Mann fixiert den rauchenden Glutberg. »Oder?«, setze ich nach. »Das weiß doch wirklich jeder.«

»Kommt auf den Grad des Taktgefühls an«, antwortet mein Mann mysteriös. »Und das ist ja nun lange nicht bei jedem vorhanden.«

Mist. Ich sehe schon vor mir, wie der mürrische Herr Lubitz samt seiner Gattin, einer selbstherrlichen Rosenaufzuchtsmissionarin, unsere Bratwurstschnecken vertilgt und nebenbei einen Unkrautstatus unseres Gartens erstellt.

»Wann sind die Würstchen endlich fertig?«, fragt Sohnemann.

»Das dauert noch«, sage ich nervös.

»Darf ich auch mal?«, fragt Töchterchen, die sich schon mit einem Stock bewaffnet hat, um in der Schale rumzustochern.

Mein Mann lässt sie ran, und gemeinsam verwüsten sie das bisschen gleichmäßige Glut, das sich gerade gebildet hat. Eine weitere Qualmwolke steigt auf. Ich überlege fieberhaft, ob ich nicht aus Versehen einen Eimer Sand auf den Grill schütten soll, damit das Elend ein Ende hat. Da erschreckt mich die Stimme von Herrn Lubitz. Dankenswerterweise befindet er sich noch auf der richtigen Seite des Zauns – auf seiner.

»Hier«, sagt er und reicht eine Drahtbürste durch den Maschendraht. »Versuchen Sie es mal damit.« Ich nehme die Bürste und leite sie an meinen Mann weiter. »Damit können Sie den Rost schrubben«, empfiehlt Herr Lubitz. »Vielleicht geht es dann schneller vorbei.« Er deutet auf den stinkenden Qualm.

»Danke«, sage ich verblüfft. Er nickt und zieht sich in seinen Garten zurück. »Das war ja nett«, sage ich zu meinem Mann. »Oder, war das nicht nett?« Die Erleichterung darüber, dass Herr Lubitz nicht ausgehungert auf der Matte steht, lässt mich befreit auflachen. Mein Mann nickt knapp und fängt an, mit der Bürste über den Rost zu schrubben. Leider ist das verdammte Gammeldörrfleisch aber nicht nur extrem fest angebacken, sondern auch total schmierig. Die Drahtbürste, die eben noch silbern blitzte, ist schon nach wenigen Sekunden schwarz verklebt.

»Mist«, keucht mein Mann. »Ich glaube, der Grill ist noch nicht heiß genug.« Er will schon wieder nach der Kohle greifen, da stöhne ich resigniert: »Lass mal.« Mit unserer ollen Grillzange, an der noch diverse Spuren vergangener Grillfeste haften, klaube ich den Rost vom Grill und lasse ihn zum Abkühlen auf den Rasen fallen. Dann nehme ich meinem Mann die Bürste ab und gehe mit grimmiger Entschlossenheit samt dem ganzen besudelten Plunder in die Küche. Wenn alles nichts hilft, muss Stahlwolle ran.

Nachdem ich erst den Grillrost, dann die Drahtbürste und anschließend die Spüle sowie meine Hände von den pech- und schwefelartigen Barbecue-Überresten befreit und eine Ladung Handtücher und Wischlappen in die Waschmaschine gestopft habe, gehe ich mit dem einsatzbereiten Rost wieder in den Garten. »Tatatataaa«, mache ich verheißungsvoll. Und gerate für einen Moment ins Taumeln. Meine Familie sitzt friedlich vor dem leise rauchenden Grill. In der Hand halten sie Stöcke, auf die sie die Würstchen gesteckt haben.

»Guck mal, Mama«, kräht Töchterchen fröhlich. »Wir machen Würstchen am Spieß!«

»Das hat so lange gedauert mit dem Putzen«, sagt mein Mann. »Da sind wir auf die Idee mit den Stöcken gekommen. Genial, oder?«

Diesmal enthalte ich mich einer Antwort, weil mir auf die Schnelle so gar nichts Diplomatisches einfallen will, wie zum Beispiel: Warum um alles in der Welt seid ihr nicht FRÜHER darauf gekommen? Und warum zum Geier hat mir niemand Bescheid gesagt?

»Kannst du Teig für Stockbrot machen?«, fragt Sohnemann.

»Lass die Mama sich erst mal ausruhen«, sagt mein Mann generös. »Haben wir eigentlich noch Ketchup?«

»Naturlich haben wir noch Ketchup«, sage ich und widerstehe dem Impuls, in die Küche zu laufen und welches zu holen. Ist zum Glück auch nicht nötig, denn mein Mann verkündet: »Halt mal meinen Stock, ich mach das.«

»Kannst du auch meinen halten?«, fragt Töchterchen. »Ich will klettern.« Schwupps, habe ich zwei Stöcke in der Hand. Aus den Würstchen tropft Fett in die Glut. Flammen züngeln auf. Der Rauch weht genau zu mir. Natürlich weht er genau zu mir.

»Ich muss mal«, sagt Sohnemann und drückt mir Stock Nummer drei in die Hand. Ich fühle mich jetzt schon verkohlt.

Doch dann kommt mein Mann mit einem kühlen Bier und den vom Frühstück übrig gebliebenen Brötchen zurück, die die Kinder klaglos als Stockbrotersatz nehmen, Herr Lubitz lässt sich nicht mehr blicken, dafür scheint die Sonne richtig warm, die Vöglein zwitschern, und unser erster Grillnachmittag wird doch noch ein voller Erfolg. Abgesehen von ein paar verbrannten Fingern, weil die alte Grillzange auseinanderfällt und wir die heißen Würstchen mit der Hand vom Stock zerren müssen.

»Es hilft alles nichts«, sagt mein Mann, als wir zufrieden in die verbliebenen roten Kohlen schauen. »Wir müssen unsere Ausrüstung aufstocken.«

Ich gebe ihm recht. Und denke, er will einfach nur eine neue Grillzange kaufen. Wie naiv von mir!

EINKAUFEN

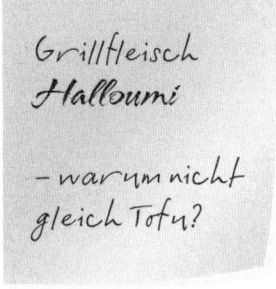

Grillfleisch
Halloumi

– warum nicht
gleich Tofu?

METEOROLOGISCH INDUZIERTER GRILLZWANG

Barbecue und andere männliche Wetterphänomene

Der nächste Tag ist ein Sonntag, der seinem Namen alle Ehre macht: Der Himmel ist strahlend blau, die Sonne scheint. Alles könnte so entspannt sein. Ich könnte im Liegestuhl liegen und in meiner Lust-auf-Landleben-Zeitschrift blättern und mir vorstellen, wie schön unser Garten aussehen würde, wenn ich denn etwas von Botanik verstünde, das über Geranien hinausgeht, und wenn die Kinder (und mein Mann natürlich) mit dem Fußball nicht sowieso alles verstümmeln würden, was es wagt, sein grünes Köpfchen aus der Erde zu stecken. Ich könnte mir überlegen, wie ich aus meiner fußballfreien Terrasse einen Wellnessplatz zaubere, wofür ich nur Euro-Paletten, einen Eimer Farbe und Unmengen mediterraner Kräuter brauche. Und auch ansonsten könnte ich allerhand machen, was mich beruhigt. Aber leider ist das Wetter an diesem Sonntag für Entspannung viel zu schön.

Denn mein Mann will schon wieder grillen!

Atemlos steht er vor mir, flankiert von den Kindern, und fragt mit seinem unternehmungslustigen Grinsen, was wir denn noch an Grillgut dahaben.

»Hm«, mache ich, überschlage in Gedanken den Inhalt

unseres Kühlschranks samt Eisfach und komme zu folgendem Ergebnis: »Paprika.«

»Ha. Ha«, sagt mein Mann. »Nee, jetzt mal im Ernst.«

»Im Ernst haben wir gestern alle Würstchen aufgegessen. Und in der Kühltruhe ist auch kein Fleisch mehr.«

Jetzt starren mich alle drei entsetzt an. »Wir haben gar nichts mehr zum Grillen?«, flüstert mein Mann.

»Eventuell sind da noch zwei Maiskolben«, fällt mir ein.

Kommentarlos wendet sich mein Mann ab und eilt ins Haus. Ich ahne, was er vorhat, erhebe mich seufzend von meinem Liegestuhl und folge ihm in den Keller. Da steht er schon wie ein Waschbär, der eine volle Mülltonne entdeckt hat, und wühlt sich durch unseren Gefrierschrank.

»Da muss doch irgendwas sein«, murmelt er und zerrt hektisch Packungen von Rahmwirsing und Blattspinat heraus. Es knirscht. Wenn die Tür noch lange aufsteht, vereist der Gefrierschrank noch mehr, und alles darin kriegt diesen scheußlichen Frostbrand. Aber das interessiert meinen Mann natürlich nicht die Bohne. Er knallt die oberste Schublade zu und zieht die nächste auf.

»Wer isst denn all das Grünzeug?«, motzt er, mittlerweile schon ziemlich ungehalten. In der Hand hält er die Familiengemüse-Mischung, bei der ich mich von dem wohlklingenden Namen habe verführen lassen in der festen Überzeugung, dass meine Kinder dann mit Begeisterung über Vitaminhaltiges herfallen. Dabei hätte ich es wissen müssen: Kohlrabi und Möhren bleiben Kohlrabi und Möhren, auch wenn sie hübsch zurechtgeschnitzt sind.

»Gemüse ist gesund«, antworte ich, weil man diesem Satz nicht widersprechen kann, und nehme ihm die bunte Packung aus der Hand. Vielleicht kann ich vergessen, sie gleich wieder zurückzulegen, dann taut sie auf und wird matschig, und ich kann das Zeug endlich entsorgen. »Wir könnten was Süßes essen«, biete ich an, als ich in der untersten Schublade die Blaubeer-Kuppeltorte erspähe.

»Ich will keine Torte, ich will Fleisch!«, ruft mein Mann, und mit Irritation bemerke ich, dass der eben noch vertraut gereizte Tonfall einen ungewohnt hysterischen Zug bekommen hat. Du liebe Güte! Er ist richtig *nervös*. Wie ein Raucher, der keine Kippen mehr im Haus hat. Oh mein Gott. Hat der lange Winter meinem Mann etwa so zugesetzt, dass er jetzt bei schönem Wetter so eine Art *Grillsucht* entwickelt?

»Dann grillen wir nächstes Wochenende, und ich koche heute Penne Arrabiata«, schlage ich vor und beobachte, wie er die Nachricht aufnimmt. Normalerweise reicht die Aussicht auf Penne Arrabiata nämlich aus, um ihn sofort zu besänftigen. Aber diesmal wirkt mein Zaubertrick nicht. Ich weiß gar nicht, ob er mir überhaupt zugehört hat, jedenfalls schaut er geistesabwesend in die Ferne. Seine Kiefermuskulatur mahlt.

»Hallo?«, frage ich besorgt. Plötzlich kommt wieder Leben in ihn. Er wendet sich mir zu, einen Ausdruck der Erleichterung im Gesicht.

»Keine Sorge«, sagt er. »Ich weiß, wo ich Fleisch herkriege.« Er schnappt sich den Autoschlüssel, und ich kann gerade noch ausstoßen: »Denk an den Halloumi!«, bevor er zur Tür raus ist. Ich schaue ihm verwirrt hinterher und verdränge den Gedanken an einen Fleischdealer, der mit seinem geheimen Steakdepot an einer düsteren Straßenecke steht und auf Männer auf Protein-Entzug wartet. Bestimmt fährt mein Mann zu seinen Eltern. Ja, sicher. Das wird er tun. Die haben die Kühltruhe traditionell bis zum Rand voll, falls sie spontan zur Fressorgie einladen möchten. Wobei dann natürlich die Gefahr besteht, dass sie ihn dazu zwingen, uns nachzuholen, damit wir es uns zusammen »so richtig gemütlich« machen können, was dann immer darin endet, dass auch noch die ebenso feierfreudigen Nachbarn rüber- und wir nicht mehr wegkommen und mein Mann nachher Obstler trinkt, den die ferne Verwandtschaft in Oberfranken in rauen Mengen herstellt. Unsere Kinder werden derweil von meiner Schwiegermutter mit Cola aufgeputscht, so dass sie nicht einschlafen können und am Montagmorgen alle in den Seilen hängen. Von diesen Aussichten beunruhigt mache ich mit den Kindern Stockbrotteig, was bei uns ein normaler Pizzateig ist. Es wird geknetet, dass das Mehl nur so staubt. Fegen und wischen muss ich also auch noch. Eine Stunde später, als die Küche gerade ordentlich aufgeräumt ist, kommt mein Mann wieder. Ich lausche auf die Lautstärke des Autotürschlagens, um zu erahnen, in welcher Stimmung er ist. Aber es ist kein energisches Packt-eure-Sachen-wir-fahren-zu-Oma-und-Opa-Knallen, sondern eher ein sanftes Klicken. Als er die Haustür aufschließt, bin ich dennoch angespannt. »Und?«, rufe ich in die Diele. »Müssen wir zu deinen Eltern?«

»Was? Nein. Wieso sollten wir?« Er kommt in die Küche. »Tatatadaaa!« Er legt einen Berg von Plastikschalen mit mariniertem Fleisch auf der Arbeitsplatte ab und guckt stolz wie ein Jagdhund, der eine zerfledderte Ratte apportiert hat.

Ich muss schlucken. Aber nicht, weil mir das Wasser im Mund zusammenläuft. »Wo hast du das denn her?«, frage ich und versuche vergeblich, das verschmierte Haltbarkeitsdatum zu entziffern.

»Von der Tanke am Verteilerkreis«, freut er sich. »Waren

die letzten. Ist ja klar. Jeder will grillen bei so einem Wetter.« Er bemerkt meine bestürzte Miene und schiebt schnell hinterher: »Halloumi hatten sie nicht. Dafür habe ich Pute mitgebracht! Das ist doch auch gut.«

»Äh …«, mache ich und überlege, ob es sich lohnt, eine Grundsatzdiskussion über den Unterschied von Fleisch und Käse anzuzetteln.

Aber da ruft mein Mann auch schon: »Wer will mit mir den Grill anmachen?« Er und die Kinder stieben nach draußen. Ich betrachte das vom Grünlichen ins Bräunliche changierende Putenfleisch und die chemisch-orangefarbenen Schweinenackensteaks und überlege, ob ein Nachmittag bei meinen Schwiegereltern wirklich das größere Übel gewesen wäre. Na ja. Also bleibt mir nur, auf die alles verzehrende Kraft der Flammen zu hoffen, die sämtlichen Bakterien den Garaus macht, so dass dieser Grillnachmittag nicht in Gastritis für alle endet. Und dann schwenke ich aus Rache das Familiengemüse in Butter und denke, wenn alle Stricke reißen, haben wir immer noch eine Blaubeer-Kuppeltorte.

DIE MÄNNER VOM FERNSEHEN
SIND AN ALLEM SCHULD

Wie mein Mann
den Grillsport entdeckt

Ich weiß wirklich nicht, was sich die Leute von DMAX dabei denken, ein Fernsehprogramm anzubieten, das Männer zurück in kindisch-störrischen Nein-ich-bin-nicht-müde-Trotz versetzt und verhindert, dass sie zu einer vernünftigen Zeit schlafen gehen. Mein Mann geht jedenfalls regelmäßig viel zu spät ins Bett, weil er unbedingt so Sendungen wie »Allein durch die Wildnis«, »Zu zweit durch die Wildnis« und »Nackt durch die Wildnis« sehen muss. Aber bei Regen nicht spazieren gehen wollen, weil die Schuhe dreckig werden könnten. Aber nun gut, das ist hier nicht das Thema. Das Thema ist, dass er mir ein paar Tage nach unserer Grillsaison-Eröffnung morgens mit untypisch strahlenden Augen eröffnet, dass er endlich weiß, was uns zu unserem Glück fehlt. »Ein Whirlpool?«, frage ich aufgeregt.

»Nein, natürlich nicht«, winkt er ab. »Ein Smoker!«

»Ein ... *was*?«

Und dann stellt sich heraus, dass er auf DMAX die Sendung *BBQ-Battle – Die Grillmeister* gesehen hat und jetzt weiß, dass kein Mensch mehr auf direkter Hitze grillt, weil das einfach gar nicht gut ist.

»Warum?«, frage ich naiv und nippe an meinem Kaffee.

»Damit kann man einfach nicht so viel *machen*«, antwortet er ungeduldig.

»Was will man denn auf einem Grill auch *machen*? Da legt man Fleisch drauf und fertig.«

»Eben nicht!«, ruft er und springt auf. »Ha! Ganz falsch! Diese Grillmeister, also was die alles grillen, das ist sensationell! Solche Rinderhüften!« Er hält die Hände schulterbreit auseinander. »Schweinenacken, solche Riesenoschis!« Er fuchtelt weiter aufgeregt mit den Händen rum. »Und die werden pechschwarz außen und bleiben innen blutig roh, wenn man sie nur auf direkte Hitze legt. Deswegen grillt man sie im heißen Rauch. Und dafür brauchen wir einen Smoker!« Er guckt mich zufrieden an.

»Aber was sollen wir denn mit einem ganzen Schweinenacken?«, frage ich verwirrt.

»Das war doch nur ein *Beispiel*.«

»Ich esse meine zwei Würstchen, die Kinder essen jeweils höchstens zwei Würstchen, und du isst dein Kotelett oder was, und dann ist gut«, sage ich. »Dafür müssen wir uns doch wohl keinen Räucherofen anschaffen.«

»Phhh«, macht er verächtlich. »Ein Smoker ist viel mehr als ein Räucherofen.«

Ich bin froh, dass die Kinder zur Schule müssen und das irrsinnige Thema fürs Erste beendet ist. Allerdings greift mein Mann es direkt wieder auf, als er nach der Arbeit nach Hause kommt. Er hat nämlich mit seinem Kollegen Marcel gesprochen, und der kennt sich, wie sich herausgestellt hat, ziemlich gut mit Grillen aus.

»Einen Smoker brauchen wir nicht«, verkündet mein Mann, und ich bin erleichtert. »Jedenfalls nicht am Anfang«, fügt er hinzu, und dieser Nachsatz lässt mich aufhorchen, doch dann redet mein Mann schon weiter: »Marcel hat gesagt, ein Kugelgrill ist das Beste für einen Anfänger. Weil der einen Deckel hat, kann man damit auch alles machen. Sogar smoken!«

Auf einmal habe ich ein Bild vor Augen, wie mein Mann unseren jetzigen Grill einst nach Hause brachte. »Hatten wir nicht auch mal einen Deckel zu unserem Grill?«, fällt mir ein.

»Keine Ahnung«, behauptet er und zuckt die Achseln.

»Doch, jetzt weiß ich es wieder«, rufe ich. »Du hast damals gesagt, der Deckel wäre praktisch, um den Grill draußen im Regen stehen zu lassen.«

Er setzt seine Unschuldsmiene auf. »Kann ich mich nicht dran erinnern.«

»Der Deckel ist irgendwo in der Garage«, lasse ich nicht locker, spare mir aber die Bemerkung: »Und wenn du sie aufgeräumt hättest, wie du es seit Monaten versprichst, dann wüsstest du das auch.«

»Ach, selbst *wenn*«, winkt er ab, »dann ist der sowieso schon hinüber.« Und setzt bestimmt hinzu: »Wir brauchen einfach einen neuen Grill.«

»Na gut«, seufze ich und muss insgeheim lächeln, weil es ihm offensichtlich wirklich wichtig ist. »Dann kauf halt einen neuen. Beim Aldi oder beim Lidl haben sie nächste Woche, glaube ich, welche im Angebot.«

»Ich muss mal gucken«, antwortet er mysteriös, wobei ich schon ahne, was das zu bedeuten hat: Nämlich, dass er erst einmal Testberichte liest. Allerdings frage ich mich, was es an einem Grill zu testen gibt. Bei einem Fernseher oder Computer – klar, das leuchtet mir ein, dass man da hundert Dinge beachten muss, von denen ich die meisten nicht verstehe. Weswegen *ich* auch den kaufen würde, der die hübscheste Verpackung hat, *wenn* es denn in mein Aufgabengebiet fiele. Tut es aber zum Glück nicht, weswegen wir computer- und fernsehtechnisch bestens ausgerüstet sind. Mein Mann macht sich nämlich eine Kaufentscheidung nicht leicht und wägt wochenlang Vor- und Nachteile ab, von denen ich die meisten – wie gesagt – nicht kapiere. Was den Grill angeht, wird das anders sein, denke ich. Du meine Güte, was muss ein Grill schon können? Doch so einfach ist das offensichtlich nicht. Anstatt in den Baumarkt oder Discounter zu fahren und spontan zu entscheiden, wird mein Mann erst einmal Mitglied im Grillsportverein.

»Grill*sport*?«, frage ich verblüfft. »Seit wann ist Grillen ein *Sport*?«

»Als Sport gilt alles, worin man sich in einem Wettbewerb misst, selbst wenn es noch so lächerlich scheint«, erklärt er wichtig und bekommt dann dieses süffisante Schmunzeln, das ihm so gut steht. »Wie man ja auch am Frauenfußball sieht.«

»Ha. Ha«, mache ich.

»Stell dir vor«, nun kehrt er wieder zum Thema zurück, »alleine zum Thema Kaufberatung gibt es im Grillsportverein-Forum fast hundertvierzigtausend Beiträge.«

»Hahaha!« Diesmal lache ich wirklich, denn ich halte das für einen Witz. Aber es ist kein Witz. Und schon gar nicht mehr lachen muss ich, als ich höre, wie viel manche für einen Grill hinblättern. »Tausend Euro?« Ich muss mich bemühen, nicht zu kreischen.

»Und mehr!«

»*Was*?« Jetzt kreische ich doch.

»Keine Sorge«, beruhigt mich mein Mann. »Wir fangen mit einem Basisgerät an.« Auch diese Formulierung macht mich stutzig, aber dann kommt Töchterchen atemlos vom

Spielen rein und hat glatt vergessen, ihre dreckigen Schuhe auszuziehen, und dann muss ich schimpfen und denke nicht mehr an die unheilvollen Formulierungen meines Mannes.

Die nächste Woche warte ich jeden Tag darauf, dass mein Mann mit einem Grill nach Hause kommt oder auf einmal der Postbote ein unhandliches Trumm von Paket bringt. Doch stattdessen sagt mein Mann: »Marcel hat uns für Samstag eingeladen. Er will mir seinen Grillfuhrpark zeigen. Quasi eine Kaufberatung mit Catering.« Er lacht vor Vorfreude.

»Ich dachte, du magst diesen Marcel nicht, weil er so ein, Zitat, ›rücksichtsloser Karriereheini mit unerträglichem Aftershave‹ ist«, sage ich. Seit Marcel vor einem halben Jahr in der Firma meines Mannes angefangen hat, verging kaum ein Tag ohne Lästerei über den neuen Projektleiter.

»Ach Blödsinn«, sagt mein Mann. »Das war nur am Anfang. Seit dem Betriebsbowling verstehen wir uns viel besser.«

Na gut, denke ich. Besuchen wir also Marcel und seinen Grill*fuhrpark*.

KAUFBERATUNG
MIT FRUCHTSPIESSCHEN

Marcel tischt uns allerhand auf

Bisher kannte ich folgende Arten von Grills: Einweg-Alu-schale, Dreibeingrill und die gigantischen Schwenkgrills, die bei folkloristischen Festivitäten aller Art eingesetzt werden, um dem Massenansturm auf die Würstchen standzuhalten. Ich bin also gespannt, was Marcels Grill*fuhrpark* zu bedeuten hat. Nachdem ich schon gelernt habe, dass Grillen neuerdings zu den Sportarten zählt, kann das ja was werden.

Marcel und seine Frau Britta wohnen in einem klotzartigen Architekturwunder in Köln-Weiss. Passend zu dem panzerartigen BMW mit Metallic-Lackierung in der Einfahrt ist Marcel ein Angeber in Wildlederslippern. Er trägt den Kragen seines Poloshirts hochgestellt und die Haare zurückgegelt und sieht alles in allem nicht so aus, als ob er sich gerne die Hände schmutzig macht. Und tatsächlich zieht er mit der Routine eines Chefchirurgen schwarze Einweghandschuhe an, die er um die schmalen Handgelenke flitschen lässt, ehe er sich dem Fleisch widmet.

Zunächst aber führt Marcel uns durch ein hallengroßes Wohnzimmer mit weißer Sofalandschaft, und ich bin froh, dass wir die Kinder zu Oma und Opa gebracht haben.

Nicht auszudenken, was sie hier alles hätten anrichten können. Die Terrasse mit ihren Bambuskübeln aus gebürstetem Edelstahl und dem geometrischen Wasserlauf sieht aus wie einem Hochglanzmagazin über Outdoor-Angeberei entsprungen. Ich ertappe mich dabei, wie ich im ehrfürchtigen Museumsschritt den kurzen Weg zu dem Glastisch zurücklege, wo die anderen Gäste stehen: Ein gedrungener Typ mit Halbglatze und eine kultiviert lächelnde Frau mit rotem Pulli und Perlenkettchen, bei der es mich nicht wundern würde, wenn sie immer ein Opernglas dabeihätte, für kulturelle Notfälle aller Art.

»Das sind Albert und Simone, Bekannte vom Tennisclub, die auch Nachhilfe in Sachen Grillen brauchen.« Marcel lacht selbstgefällig. »Dieser Gangster hier arbeitet für mich«, johlt er und knufft meinen Mann auf den Oberarm.

Mein Mann knufft zurück und sagt grinsend: »Ich würde eher sagen, es ist umgekehrt!«

Marcel hält sich den Oberarm und bricht in schallendes Lachen aus. »Der X-Man!«, prustet er, und ich weiß, es gibt für mich nur zwei Möglichkeiten, um diesen Nachmittag ohne soziales Trauma zu überstehen: nach Hause fahren. Oder mich dem Alkohol hingeben. Die Frau des Gastgebers kommt zu uns raus, sie trägt einen zerzausten Pferdeschwanz, Blumenkleid und pinke Crocs, und ich bin unglaublich erleichtert, dass sie damit ganz beiläufig die Perfektionspropaganda ihres Mannes unterläuft. Zwei Sekunden später drückt sie mir auch noch einen Caipirinha in die Hand. Sie ist mir sofort sympathisch.

»So, dann wollen wir mal«, dröhnt Marcel und führt uns an den Rand der Terrasse, wo diverse Grills aufgebaut sind. Wir nähern uns dem ersten Modell, einem metallenen Kugelgrill. »Das ist der Weber Master Touch GBS, Holzkohlegrill, kostet so, wie er da steht, dreihundertfünfzig«, rattert Marcel los, holt kaum Luft und zeigt schon auf das chromblitzende kommodengroße Teil daneben. »Das hier ist der Tepro Gasgrill Wellington, mit allem Zubehör knapp vierhundert Tacken, und der Monolith Classic, tausend.« Das ist eine Keramikkugel, die aussieht wie eine von Jules Verne ausgedachte Weltraumsonde. Mein Mann und Albert sind gleichermaßen beeindruckt. Sie rufen »Nein!«, »Wie krass!« und »Hammerteil!« und betrachten neugierig die Ausstattung der Grills. »Jetzt erst mal zu der Grundsatzfrage«, sagt Marcel gewichtig und mustert seine beiden Schützlinge prüfend. »Holzkohle oder Gas?«

Simone, die bisher apathisch neben mir gestanden hat, hebt auf einmal den Kopf. »Gas?«, fragt sie alarmiert und schiebt hinterher: »Darf man in Deutschland überhaupt mit Gas grillen? Ist das nicht irgendwie … *politisch unkorrekt*?«

Wir starren sie alle überrascht an. Albert stöhnt, als hätte er sich an Hammelbraten überfressen, und fährt sie an: »Mein Gott, verschon uns doch *einmal*, auch nur *ein einziges Mal* mit deiner penetranten Moralbürokratie!«

»Tut mir leid, dass ich mir Gedanken mache«, gibt Simone spitz zurück, während ihr die hektischen Flecken aus dem Kragen kriechen.

»Ja, das sollte dir auch leidtun«, poltert Albert. »Das brennt einem nämlich tierisch auf der Hirnrinde!«

Simone schüttelt konsterniert den Kopf und klammert sich an ihr Wasserglas.

»Also«, ruft Marcel und klopft wie ein Zeremonienmeister auf den Deckel des Kugelgrills. »Was sind die Vorteile von Holzkohle und Gas?«, stellt er die Frage, die er dann natürlich ausführlich selbst beantwortet. »Als Erstes einmal ist Gas einfach eine saubere Sache.«

Simone muss plötzlich husten und wendet sich ab. Albert verdreht genervt die Augen, lauscht aber weiter Marcel, der von Betriebstemperatur und dem Anzünden der Kohle und der Temperaturkontrolle schwafelt und allerlei Handgriffe an seinen Grills demonstriert. Mit Sorge beobachte ich die kindliche Begeisterung meines Mannes für die Monstren von Grills und den Flammenwerfer, mit dem Marcel seinen Kohlen jetzt einheizt. Als Britta nach Hilfe in der Küche fragt, nutze ich die Gelegenheit, um unter vier Augen ihre Meinung zu dem ganzen Spektakel einzuholen. Britta kann mich beruhigen. Sie sagt, das Hobby wäre durchaus erträglich. »Immer noch besser, als wenn er sich einen Traktor zulegt. Männer, die sich Traktoren kaufen, sind nämlich gerade der neueste Trend.«

»Um Gottes willen«, entfährt es mir.

»Dann lieber Grillen. Schmeckt auch viel besser«, kichert sie und macht uns noch einen Caipirinha. Und wenn man von der vergifteten Stimmung zwischen Albert und Simone absieht, wird der Nachmittag doch noch schön. Mit Britta verstehe ich mich blendend, Marcel ist an seinem Grill weit genug weg, als dass ich seiner Prahlerei zuhören müsste, und sein Roastbeef mit Pestokruste ist nichts weniger als eine Delikatesse. Zum Dessert serviert er dann noch flambierte Fruchtspießchen, und ich bin derart beeindruckt, dass ich es sogar über mich bringe, Marcels aufgeplustertes Ego mit ein paar Komplimenten zu füttern.

»Dass man mit einem Grill so was machen kann!«, rufe ich also erstaunt.

»Hab ich's dir nicht gesagt?«, freut sich mein Mann. »Hab ich's dir nicht gesagt?!«

»Viel mehr als mit einem Traktor«, sagt Britta, und wir prusten beide los.

»Müssen wir das verstehen?«, fragt Marcel.

Aber Britta und ich schütteln verschwörerisch die Köpfe und kichern beschwipst vor uns hin. Simone würdigt auch uns jetzt keines Blickes mehr, sie ist in sich versunken und wünscht sich vermutlich in eine Parsifal-Aufführung oder irgendein anderes realitätsverdrängendes Spektakel von feingeistigem Wert.

»Und wann kaufst du dir deinen neuen Grill?«, frage ich meinen Mann überschwänglich auf der Rückfahrt. »Meinen Segen hast du nämlich.«

»Noch gar nicht«, sagt er.

»Wie bitte?«, frage ich überrascht.

»Ich bin noch nicht so weit«, gibt er zu. »Marcel hat recht. Ich muss erst mal überlegen, *was* ich grillen will. Dann weiß ich auch, was für einen Grill ich brauche.«

DIE GRILLBIBEL

Wie mein Mann doch noch religiös wird

Wenn man einen Mann zwanzig Jahre lang kennt und fast ebenso lange ein Zuhause mit ihm teilt, sind Überraschungen eher selten geworden. Mal abgesehen von den erstaunlichen Orten, an denen ich seine Socken finde. Oder meine Nagelschere, die er mal wieder gemopst hat. Umso schöner ist es also, wenn man nach so langer Zeit noch neue Seiten an seinem Mann entdecken kann.

»Nanu«, entfährt es mir, als ich ihn am Küchentisch vorfinde – mit einem Buch in der Hand. Einem *echten* Buch. Mit Seiten, die man *umblättern* muss. Ganz ohne Display! Und dann ist es auch nicht irgendein Buch, sondern ein *Kochbuch*.

»Was machst du denn da?«, frage ich verblüfft, und ein Lächeln stiehlt sich in mein Gesicht. Wenn er jetzt noch sagt, er überlege, welches ausgeklügelte Gemüse-Tarngericht er heute Abend den Kindern kochen könne, dann hole ich die Flasche Schampus aus dem Keller, die wir seit Jahren für besondere Gelegenheiten aufheben. Aber das sagt er nicht. Er sagt allerdings auch nichts Gegenteiliges. Genau genommen sagt er gar nichts. Er hebt noch nicht mal den Kopf! Aber immerhin das Buch, so dass ich das

Cover sehen kann. Es ist keines von meinen Kochbüchern, das erkenne ich sofort. Auf schwarzem Grund steht in glutorangener Schrift: *Grillbibel.*

»Aha«, mache ich amüsiert. »Und, was steht drin? Wie man Bratwürste richtig wendet?«

Jetzt hebt mein Mann doch den Kopf und sieht mich mit einem Blick an, den ich auch noch nicht an ihm kenne. Er ähnelt dem Geh-mir-weg-mit-unwichtigen-Aufträgen-jetzt-ist-Bundesliga-Starren. Vielleicht tendiert er auch in die Richtung des Du-willst-mir-ernsthaft-erzählen-du-hast-seit-einem-Jahr-den-Ölstand-nicht-kontrolliert-Glotzens. Jedenfalls fixiert er mich für einen Moment fassungslos, dann werden seine Gesichtszüge weicher, als ihm einfällt, mit wem er es zu tun hat: mit seiner in manchen Dingen liebenswert ahnungslosen Ehefrau.

»Dieses Buch ist der Hammer«, eröffnet er mir. »Da steht nämlich *alles* drin!«

»*Alles*?«, schmunzele ich, immer noch den Ernst der Lage verkennend. »Auch, wie man es schafft, die Gattin bei Laune zu halten, zum Beispiel mit einem Geschenk aus dem Blumenladen, der neuerdings so hübsche Schmetterlingsteelichter hat?«

»Werd nicht albern«, sagt er. Und fängt an zu schwärmen: »In diesem Buch geht es um die Achtsamkeit gegenüber wichtigen und grundlegenden Details wie…«

»*Teelichter*?«, werfe ich süffisant ein, wohlweislich der Tatsache, dass der Grat schmaler wird.

»Grundlegenden Details wie *Salz*«, sagt mein Mann und schnaubt verächtlich. »Ohne das richtige Salz kann man nämlich gar nicht erfolgreich grillen.«

»Aha«, sage ich. »Na, *das* klingt ja wirklich überzeugend.« Mein Mann versinkt wieder in seiner Salz-Lektüre, so dass er mein Augenrollen nicht bemerkt. Ich räume die frischen Handtücher in den Schrank und denke mir, lass ihn mal. Hat er mal wieder einen Spleen. So wie damals, als er auf einmal meinte, nur Vinyl hätte Stil, und den Plattenspieler samt seiner Sammlung vom Speicher holte, und wir andauernd Fleetwood Mac und The Clash und Bauhaus mit begleitendem Kratzen hören mussten, untermalt von Lobpreisungen wie »*Das* war noch echte Musik!« (Was mein Mann erstaunlicherweise nicht gelten lassen wollte, als ich meine erste Madonna-LP auflegte.) Zum Glück stellte er schnell fest, dass er eigentlich von The Clash doch nur London Calling und Death or Glory hören wollte, dazwischen aber eine Menge Lieder waren, die er nicht einfach überspringen konnte. Außerdem wurde das ständige Umdrehen lästig.

»Hör dir das an«, sagt mein Mann jetzt und liest laut vor: »Auch ich kam, wie alle übrigen Menschen, ohne tieferes Verständnis für die Kunst und die zahlreichen Techniken des Grillens zur Welt.« Er schaut mich stolz an.

»Okay«, sage ich. »Und?«

»*Und?*«, wiederholt er, als wäre das die doofste Bemerkung, die jemals ein Mensch gemacht hätte. »Dieser Mann«, ruft er und klopft auf das Buch, als wolle er applaudieren. »Dieser Jamie Purviance hat's einfach drauf! Der hat sich sein Wissen tatsächlich *erarbeitet*. Und er weiß, dass es keinen allein seligmachenden Weg zum Grillglück gibt.«

»Grillglück? Hast du gerade *Grillglück* gesagt?«

»Ja, natürlich. Wieso?«

Jetzt schaue *ich* meinen Mann mit meinem klassischen Ich-fasse-es-nicht-was-in-Männerköpfen-so-alles-vor-sich-geht-Blick an und kombiniere ihn mit der Spülen-ist-natürlich-nicht-dasselbe-wie-Einweichen-Grimasse. Dann frage ich: »Was sollen wir eigentlich mit dem Plattenspieler machen?«

»Der Plattenspieler ist super«, sagt er. »Den brauchen wir unbedingt.«

»Das habe ich mir gedacht«, sage ich. »Ich habe ihn übrigens auf den Speicher geräumt. Vor fast einem Jahr.«

Ja, da guckt er überrascht! Aber der Umstand, dass seine Begeisterung für Dinge, die Mühe machen, normalerweise schnell nachlässt, scheint meinen Mann überhaupt nicht zu stören. In den nächsten Tagen beobachte ich ihn genau. Mich interessiert schon sehr, wann die Leidenschaft, die er für die Grillbibel entwickelt hat, nachlässt. Bisher ist das noch nicht der Fall. Er nimmt das Buch sogar mit ins Bett! Wo er sonst noch schnell vor dem Einschlafen eine verstörende Folge *Fear the Walking Dead* auf seinem Tablet gesehen hat (wenn auf DMAX lahme Autosendungen kommen), liegt er jetzt neben mir mit einem Buch. Ich bin völlig irritiert und kann mich kaum auf meine Lektüre konzentrieren. Dazu kommt, dass er zwischendurch »aha, aha« murmelt. Manchmal notiert er sich sogar was – und zwar nicht auf seinem Smartphone, sondern auf einem *Zettel*. Mit *Kugelschreiber. Handschriftlich!* Wie soll man denn da in Ruhe mit Jojo Moyes schmachten?

Und dann legt er die Grillbibel auf seinen Nachttisch, kuschelt sich in sein Kissen, schaut an die Schlafzimmerdecke und seufzt: »Sogar mit Grillzeittabelle!« Fast denke ich, er würde hinzufügen: »Danke, lieber Jamie.«

Und da weiß ich, was passiert ist: Mein Mann ist doch noch religiös geworden.

EINKAUFEN

Mascarpone
Salbei

– haben wir im Garten.
Das Zeug, wo Du
mich jedes Mal fragst:
Was ist das noch mal?

grobes Meersalz

– Aha! Das wichtige
Detail ... hihi!

getrocknete Steinpilze
Olivenöl

– im Schrank. Wie immer.

Kalbskoteletts
Würstchen für die
Kinder
AZK

– ????
Schmetterlingsteelichter

WAS UM ALLES IN DER WELT IST AZK?

Mein Mann entwickelt beunruhigende Gefühle

Als ich heute Morgen in die Küche gekommen bin, habe ich die Einkaufsliste gesehen, die mein Mann auf unsere Tafel geschrieben hat. *Mascarpone*? Getrocknete *Steinpilze*? Mir wird ja ganz kulinarisch!

Was ist mit meinem Mann los?

Die Neugier übermannt mich. Ich muss wissen, was er zusammen mit diesem Jamie Purviance aksheckt. *Zufällig* stolpere ich kurz darauf über die Notizen, die sich mein Mann beim Studieren der Grillbibel gemacht hat. Erst war mein Plan, sie beim Staubwischen aus Versehen vom Nachttisch zu fegen, aber da war sie schon nicht mehr. Er hat die Grillbibel tatsächlich nach dem Aufstehen mit nach unten genommen! Es dauert eine Ewigkeit, bis ich sie entdecke. Das allerdings tatsächlich durch Zufall. Nachdem ich überall gesucht habe – sogar im Bad (Männern ist glatt zuzutrauen, auf dem Klo Kochbücher zu studieren) – und schon fast der Überzeugung war, dass er sie mit auf die Arbeit genommen hat, habe ich sie an einem völlig unerwarteten Ort gefunden. Nämlich dort, wo Kochbücher hingehören. Damit habe ich ja nun gar nicht gerechnet. Er hat seine Grillbibel tatsächlich in *mein* Regal mit *meinen* Kochbüchern gestellt! Zwischen die Süditalienische Küche und Asian Basics. Dafür fehlt jetzt die Vegetarische Vollwertkost. Natürlich! War ja klar.

Grimmig ziehe ich die Grillbibel raus, finde den Zettel, den er dort reingelegt hat, und falle bald rückwärts um. Ich meine, Spaghetti Napoli ist kulinarisch gesehen das Maximum, was mein Mann bisher selbst zubereitet hat. Nicht, dass er es nicht könnte! Er ist wirklich begabt für guten Geschmack. Er schmeckt genau, wenn ich mal eine Winzigkeit verändert habe, und weist mich dann kleinlich darauf hin, dass es beim letzten Mal aber leckerer war. Er selbst kann zwar auch kochen (glaube ich), hat aber wenig Übung und absolut keinen Sinn für Zeitmanagement, und dann sind die Nudeln schon al dente, wenn die Tomatensoße noch nicht einmal geblubbert hat, und die Küche ist trotzdem verwüstet und mein Mann völlig erschöpft von der Anstrengung. Und jetzt lese ich auf seinem Zettel Sachen wie Kalbskoteletts mit Steinpilzkruste und Kräuter-Mascarpone und Schweinelendenbraten mit Sauerkirsch-Chili-Glasur.

Typisch mein Mann. Jetzt meint er wieder, er könne im Handumdrehen in der obersten Liga mitspielen. Soll er doch erst mal lernen, wie man Fischstäbchen im Backofen macht. Und dann dieses kryptische AZK. Ist das so eine Art Geheimcode? Und was soll das heißen? Apfel-Zimt-Kartoffeln? Oder Ananas-Zabaione-… äh… Krem? Solange es nicht Aal-Zander-Krustenbraten heißt, kann es schon nicht so schlimm werden. *Hoffe ich.*

Als er von der Arbeit kommt, stelle ich ihn zur Rede. Geschickt, versteht sich. Siebzehn Jahre Ehe lehren einen so manches. Zum Beispiel, dass offene Konfrontationen zu vermeiden sind. Es ist viel gewinnbringender, dem anderen nicht einfach die Anschuldigungen an den Kopf zu werfen, sondern Kritik sachlich vorzutragen. »Ich habe gesehen, du hast eines meiner Lieblingskochbücher weggeräumt!«, sage ich also, um einen neutralen Ton bemüht, und erwarte eine sachliche Erklärung, nach der wir uns dann auf einen Kompromiss einigen. Wie zum Beispiel, dass er sich einen anderen Platz für die Grillbibel sucht. Er prustet. »In dieses Drecksbuch hast du doch seit Ewigkeiten nicht mehr reingeguckt.«

Okay. Einmal tief durchatmen. Stufe zwei der ehelichen Verhandlungsstrategie wird gezündet. Die Deeskalationstaktik, die vonnöten ist, wenn *einer* sich mal wieder *nicht* an Stufe eins der Ehelichen Verhandlungsstrategie hält. Mit »einer« meine ich natürlich meinen Mann. »Erstens ist das kein Drecksbuch«, sage ich, zu seinem Glück weit weniger patzig, als mir zumute ist. »Und zweitens gucke ich da total oft rein.«

»Was hast du das letzte Mal daraus gekocht?«, fragt er provozierend.

»Das waren die … äh …«, ich überlege fieberhaft, dann fällt es mir zum Glück noch ein: »Die überbackenen Pastinaken. Genau. Ha!«

Er schaut mich ungerührt an. »Das war dieses harte Zeug mit der staubigen Kruste und dem bitteren Nachgeschmack, oder?«

»Ja, äh, genau.« Ich bemühe mich, nicht rot zu werden.

»Dann sei froh, dass ich dieses sogenannte Kochbuch nicht damals schon entsorgt habe. Bisher hat alles, was du daraus gemacht hast, geschmeckt wie Pferdeäpfel.«

Ich starre meinen Mann an und wundere mich erneut. Erstens hätte ich ihm gar nicht zugetraut, dass er sich merkt, welche Rezepte ich aus welchem Buch habe. Und zweitens stelle ich mal wieder fest, dass ich wirklich den besten Ehemann von allen habe. Der sich zwar kein bisschen um eheliche Verhandlungsstrategien schert, mir dafür aber mal eben wieder im Handumdrehen geholfen hat, mein Leben schöner zu machen. Wenn ich es mir nämlich recht überlege, bin ich total froh, dass er mich von dieser Geißel befreit hat. Denn immer, wenn ich zu Cornelia Polettos Rezepten gegriffen habe, um eine köstlich buttrige Pasta oder Tafelspitz mit Pancetta-Kartoffeln zuzubereiten, stierte mich die Vegetarische Vollwertkost an und machte mir ein schlechtes Gewissen. Und dann habe ich meine Familie mit Petersilienwurzeln und Topinambur malträtiert, die Stimmung am Tisch war unterirdisch, und nachher haben alle Nachtisch gefressen, als hätten sie seit Tagen gehungert. Was den Erfolg einer gesunden Ernährung natürlich total ins Gegenteil gedreht hat. Und wer ist schuld? Dieses *Drecksbuch*! Gut, dass es endlich weg ist!

Natürlich soll mein Mann trotzdem nicht meinen, dass er einfach meine Kochbuchordnung durcheinanderbringen darf. Deswegen setze ich eine mysteriöse Miene auf, bei der man nicht genau sagen kann, ob ich jetzt beleidigt bin oder nicht, und lenke vom Thema ab. »Aber was sollen diese Zutaten?« Ich deute auf unsere Tafel. »Willst du das wirklich grillen? Das klingt ziemlich aufwändig.« Er zieht eine Grimasse, und ich schiebe schnell nach: »Nicht, dass ich dir das nicht zutraue, aber … außerdem hast du doch noch immer keinen neuen Grill? Wie soll das gehen?«

Er seufzt. »Ich habe den Deckel von unserem alten Grill gefunden.«

»Hast du etwa die Garage aufgeräumt?«, frage ich überrascht.

»Viel besser!«, strahlt er. »Ich habe den Deckel einfach so gefunden. Cool, was?«

Bevor ich etwas erwidern kann, was seine Begeisterung darüber deutlich dämpfen würde, wie zum Beispiel: Nein, cool wäre gewesen, endlich den ganzen Pröll zu entsorgen, redet er schon weiter: »Jedenfalls werde ich unserem alten Grill noch eine Chance geben, bevor ich einen neuen kaufe.«

»Aber du wolltest doch unbedingt einen neuen«, staune ich.

»Ja. Aber es ist so schwer, sich zu entscheiden«, seufzt er. »Ich weiß einfach nicht, welcher der beste für mich ist. Viele schwören auf Gas, aber ich muss feststellen, dass ich emotional gesehen vom Gasgrill zu weit entfernt bin.«

Ich verschlucke mich fast an meiner Apfelschorle. Ist das wirklich der Mann, der mir zum Hochzeitstag einen Schlüsselanhänger mit einem winzigen Zollstock dran geschenkt hat? Und er ist *emotional gesehen* für einen Gasgrill nicht bereit?

»Gefühlsmäßig hänge ich einfach an der Vorstellung, dass zu einem Grill auch ein richtiges Feuer gehört.« Er schaut mich mit seinen schönen braunen Augen ergriffen an. Und mir wird langsam richtig mulmig! Du liebes bisschen! Jetzt sind hier schon *Gefühle* im Spiel? Wohin soll das nur führen!

»Deswegen teste ich jetzt noch einmal den Ernstfall mit unserem Holzkohlegrill. Und wenn das mit dem AZK gut klappt, dann bleibe ich bei Holzkohle«, sagt mein Mann bestimmt.

Das reißt mich aus meinen Gedanken. »Was ist denn nun dieses AZK?«, frage ich.

Er schaut mich an, als lebte ich hinter dem Mond. »Na, ein Anzündkamin natürlich.«

Natürlich. Warum bin ich da bloß nicht selbst drauf gekommen?

Eins, zwei, aua!

Wir nehmen den Anzündkamin in Betrieb

Ein Anzündkamin ist eine Art überdimensionale Blechtasse mit Löchern im Boden. Unter dem Löcherboden sind noch ein paar Zentimeter Platz für ein kleines Feuerchen, das dann die Kohlen darüber entzündet. Der henkelartige Griff ist feuerfest isoliert. Während ich das Wundergerät betrachte, wühlt mein Mann im Altpapier. »In der Beschreibung steht, man kann Zeitungspapier zum Anzünden nehmen. Ist das nicht praktisch? Da brauchen wir gar keine teuren Grillanzünder.«

»Na ja«, sage ich. »Ich würde Grillanzünder nicht unbedingt als teuer bezeichnen.« Eine Packung kostet keine zwei Euro.

»Aber umsonst ist ja wohl noch besser, oder?«, freut sich mein Mann mit dem gleichen leuchtenden Gesicht, wie ich es von mir kenne, wenn es mal wieder Nudeln für 77 Cent gibt und die Spaghetti Nr. 5 noch nicht ausverkauft sind. Ich muss lächeln. »Das stimmt natürlich«, bestätige ich.

»Außerdem haben wir davon jede Menge. Da geht uns nie das Anzündmaterial aus«, schwärmt er weiter.

»Super«, sage ich, und es gelingt mir nicht ganz, den Sarkasmus zu verbergen. »Da können wir ja jeden Tag grillen.«

»Genau«, entgegnet er völlig ohne Ironie und wieselt mit dem Zeitungspapier und dem Anzündkamin in den Garten, genauer in die Ecke hinten links. Da steht ein Sandkasten, dem unsere Kinder entwachsen sind, der aber von der örtlichen Katzencommunity geschätzt wird, weswegen wir das verseuchte Ding eigentlich schon längst hatten entfernen wollen. Mit »wir« meine ich natürlich meinen Mann. Der knüllt jetzt das Zeitungspapier zusammen und stopft es in den umgedrehten Anzündkamin. Dann stellt er ihn richtig rum auf ein Sandstück ohne sichtbare Verschmutzung und kippt oben Kohle rein.

»Muss das ganz voll sein?«, frage ich.

»Na klar«, sagt mein Mann. »Wir wollen doch einen richtig heißen Grill haben!« Er hält das Stabfeuerzeug durch eines der Löcher an das Zeitungspapier. »Jetzt bin ich gespannt«, murmelt er und entzündet das Papier noch an einer anderen Stelle. »Oh lodern Feuer!«, deklamiert er dazu wie einst der bekloppte Nero angesichts des brennenden Rom. Dann stehen wir erwartungsvoll da. Es tut sich nichts. Kein Rauch, keine Flammen, nichts. »Hm«, macht mein Mann und zündet das Papier erneut an, diesmal an mehreren Seiten. »Wieso brennt das denn nicht? Früher brannte Zeitungspapier aber besser!«, murmelt er. Er testet das Feuerzeug, aber daran liegt es nicht. Wieder und wieder hält er die Flamme dran, bis es endlich anfängt zu qualmen. »Aha!«, ruft mein Mann triumphierend. »Jetzt brennt es!«

»Ich würde eher sagen, es qualmt«, kommentiere ich, als es kurz darauf aussieht, als hätten wir eine Rauchbombe gezündet.

»Was ist das denn für ein Mist?«, nuschelt mein Mann. »Wie kommen die auf die Idee, Zeitungspapier zum Anzünden zu empfehlen?«

»Na, wird mal wieder gegrillt?«, ruft Herr Lubitz durch die Hecke. Diesmal werde ich ihn *nicht* einladen, egal, was er sagt.

»Wir testen unseren Anzündkamin«, erkläre ich. »Aber irgendwie funktioniert er nicht richtig.«

»Haben Sie Zeitung genommen?«, fragt Herr Lubitz.

»Äh«, mache ich.

»Zeitung nehme ich nie«, verkündet unser Nachbar. »Die Druckerschwärze ist voller Schadstoffe.«

Ich gehe ein Stück weg vom Qualm.

»Eierkartons sind besser«, kommentiert Herr Lubitz noch, dann verschwindet sein Kopf hinter dem Kirschlorbeer.

Ich atme auf. »Hast du gehört?«, frage ich meinen Mann. »Eierkartons sollen wir nehmen.«

»Haben wir welche?«

»Nein.« Ich packe die Eier immer lose in den Kühlschrank und werfe dann den Karton weg. *Bisher.* Aber diese Praktik werde ich wohl aufgeben müssen. So ändert sich das Leben, Stück für Stück.

»Ach, verdammt«, sagt mein Mann, nimmt einen Grillanzünder, hebt das qualmende Blechteil an und legt ihn darunter. Als er Feuer fängt, läuft die Sache endlich. Schon knistert die Kohle vor sich hin. Und eine Viertelstunde später glüht es im AZK satt orange. »Wahnsinn!«, sagt mein Mann. »Guck dir das an. Hast du schon mal so eine schöne Glut gesehen?«

»Nein«, sage ich gedehnt. »So eine schöne Glut habe ich noch nie gesehen.«

»Tolle Farbe.« Er betrachtet liebevoll seinen Anzündkamin. »Also wirklich. *Wirklich* toll!«

Da sieht man es wieder: Redundanz ist das sicherste Zeichen für reine Begeisterung. Dann klatscht mein Mann in
die Hände. »So«, ruft er. »Dann wollen wir mal! Achtung,
Achtung, heiß und fettig!«

Die Kinder halten Abstand, als er das Gerät am isolierten
Griff nimmt und vorsichtig zum Grill trägt, der am Rand
der Terrasse steht. »Sollte man dazu nicht einen Schutz-
handschuh tragen?«, frage ich vorsichtig.

»Ach was«, sagt mein Mann und schüttet die glühenden
Kohlen mit Schwung in unseren Grill. Die Funken fliegen lustig hoch und versengen ein paar seiner Härchen am
Unterarm. Er bestreitet das zwar, aber ich habe es genau
gesehen.

»Du kennst doch das alte Sprichwort: Ein Indianer und
ein Grillmeister kennen keinen Schmerz«, sagt mein Mann
und legt zufrieden den wiedergefundenen Deckel auf den
Grill. »Jetzt warten wir, bis er richtig heiß ist, dann mache
ich den Rost sauber.« Er wedelt stolz mit seiner neuen
Drahtbürste. »Sind die Koteletts fertig?«

Ich konnte ihn überzeugen, erst einmal mit etwas Ein-
fachem anzufangen, bevor er sich an krustenüberzogene
Steaks wagt.

»Ja, sind fertig«, sage ich. (Nach dem Gammel-Grill-
fleisch von der Tanke neulich, das wir wie durch ein Wunder alle überlebt haben, habe ich beim Metzger meines Vertrauens einen Vorrat grillfähiges Fleisch gekauft, damit die
Entzugserscheinungen meinen Mann nicht wieder in die
Arme dubioser Fleischanbieter treiben.)

Mein Mann macht das Gesicht eines Magiers, der das
weiße Kaninchen aus dem Zylinder zieht, und hebt den

Deckel hoch. »Ah«, sagt er. »Muckelig warm. So, Kinder«, fügt er streng hinzu. »Das hier macht ihr bitte nicht nach. Verstanden?«

Ich ahne Fürchterliches, als er die bloße Hand ausstreckt, in etwa zehn Zentimeter über dem Rost über den Grill hält und anfängt zu zählen. »Eins, zwei, aua!« Er pustet sich auf seine Testfinger. »Super«, befindet er mit Kennermiene. »Zweihundertsechzig Grad hat der Grill.«

Er erläutert seinem erstaunten Publikum, dass Jamie Purviance diese unschlagbar einfache Methode der Temperaturkontrolle erfunden hat (oder zumindest propagiert), die sich danach misst, wie schnell man die Hand von der Glut zurückziehen muss.

»Ihr habt euren Vater gehört, Kinder«, sage ich noch mal nachdrücklich. »Das macht ihr *niemals* nach. Es reicht, wenn Papa sich die Pfoten verbrennt.«

Der zieht sich jetzt erstaunlich vernünftig einen Ofenhandschuh an und schrubbt mit seiner neuen Drahtbürste über den Rost. »Seht ihr, wie einfach das geht, wenn es nur heiß genug ist!«, doziert er begeistert. »Der Deckel ist der Schlüssel zum Erfolg!« Er legt die Drahtbürste weg, schiebt mit einem Stock die Glut hin und her und erklärt, wie wichtig es ist, zwei Zonen zu haben, um direkte und indirekte Hitze anwenden zu können. Ich stehe geduldig wie ein Butler mit dem Teller voller Koteletts neben ihm, während er erläutert, dass er jetzt ein Bullauge anordnet, bei dem sich die Glut in der Mitte des Grills konzentriert. Der Stock, mit dem er das macht, fängt Feuer. Er zieht ihn raus und versenkt ihn im Wassereimer, den Sohnemann vorausschauend geholt hat. Kluger Junge. Kennt seinen Papa, das Spielkind.

»So«, sagt mein Mann. »Dann wollen wir mal. Schweinekoteletts brauchen eine sanftere Behandlung als Steaks, deswegen lege ich sie hier in die Zone zwischen direkter und indirekter Hitze.« Du liebe Güte, er klingt jetzt schon wie ein Grilldozent. Und er guckt auch so fachmännisch, als er mit wichtiger Miene (und der neuen Grillzange) die Koteletts auf dem Rost platziert.

»Sehr schön«, sagt er und schaut auf die Uhr. »Die brauchen jetzt etwa sechs bis acht Minuten bei mittlerer starker Hitze.« Auf einmal macht es *knall*, *knirsch* und *zisch*. Wir springen alle einen Satz nach hinten. Und sehen, wie der untere Teil unseres Grills samt den glühenden Kohlen auf die Steinplatten kracht. Und das mächtige Loch im Grill sehen wir auch. Die Koteletts schweben auf ihrem Rost über dem Abgrund. Sohnemann nimmt den Wassereimer und kippt ihn auf die Glut. Mein Mann glotzt konsterniert auf das Desaster. »Aber, aber …«, stammelt er.

»Rostfraß!«, diagnostiziere ich und bin froh, dass ich emotional gesehen zu weit weg bin vom Grillen, als dass mir der plötzliche Grilltod was ausmachen würde. Mein Mann geht in die Knie, als ob er beten wollte. Und ich sage schnell: »Ist doch nicht schlimm. Dann können wir endlich einen neuen kaufen. Einen viel besseren. *Größeren.*« Mein Mann rührt sich immer noch nicht, und ich überlege, was ich noch für Eigenschaften hinzudichten kann, um die Aussicht auf den neuen Grill so wunderbar zu machen, dass er diesen herben Verlust besser verkraften kann. »Einen noch *heißeren*!«

»Ja«, nickt mein Mann immer noch unter Schock. »Und zwar einen mit Thermometer im Deckel.«

»Was immer du willst«, sage ich unvorsichtigerweise und lege ihm stärkend die Hand auf die Schulter.

EINKAUFEN

Ein neuer Supergrill!!!
– Landmann, Weber,
Outdoorchef, Rösle,
Tepro, Barbecook oder
Dancook

Ich bin froh, dass du
»oder« geschrieben hast!

Wo ist denn hier der Ausgang?

Verloren im Grillpalast

Es gibt Dinge, von denen man nie im Leben gedacht hat, dass man sie mal machen würde. Meist sind das Unternehmungen, bei denen man von irgendwas idiotisch Hohem runterspringt, entweder mit einem Fallschirm auf dem Rücken oder einem Gummiseil um die Füße. Aber so bekloppt bin ich natürlich nicht. Bei mir beschränken sich außerplanmäßige Abenteuer darauf, dass ich mir die Desigual-Tasche *und* den Tommy-Hilfiger-Schal kaufe, obwohl ich beides nicht brauche. Oder dass ich die ganze Staffel *Game of Thrones* in einer Nacht gucke, obwohl ich am nächsten Tag früh aufstehen muss. Einmal bin ich auf Wunsch von Sohnemann eine supersteile Wasserrutsche runtergerutscht, wobei sich wieder bestätigt hat, dass Adrenalin definitiv *nicht* zu meinen bevorzugten Rauschmitteln gehört. (An manchen feuchten Tagen schmerzt immer noch mein Ellenbogen, den ich mir damals an irgendeiner Kante angehauen habe. Wobei es in Wasserrutschen ja bekanntermaßen keine Kanten gibt – nach wie vor ein *Mysterium*!) Auf jeden Fall überrascht mich das Leben mit einer erneuten Kapriole, als ich mich aus unerfindlichen Gründen bereiterkläre, meinen Mann in den Grillshop zu begleiten. Und zwar nicht in irgendeinen Grillshop. Sondern den *größten* Grillshop des Universums. Oder von Köln. Oder so.

Mein Mann kommt für unseren Ausflug extra früher von der Arbeit, und wir fahren zusammen nach Köln-Mülheim. Er lässt mich ans Steuer, ein sicheres Zeichen dafür, dass er wirklich aufgeregt ist.

»Ich bin so gespannt«, sagt er zum achten Mal, als wir uns dem alten Fabrikgebäude nähern. »Marcel hat gesagt, außer seiner Terrasse gäbe es keinen schöneren Platz in Köln. Er wäre mitgekommen, wenn er nicht noch etwas für den Chef hätte erledigen müssen.« Meine Enttäuschung darüber hält sich stark in Grenzen. Mit zwei Besessenen wäre der Besuch eines Grillshops vermutlich kaum auszuhalten. Wir fahren auf den Parkplatz.

»Guck dir das an«, ruft mein Mann und deutet mit offenem Mund auf den drei Meter großen Kugelgrill, der vor dem Eingang steht. »Wahnsinn!«

Diese Begeisterung kenne ich. Von unseren Kindern und ihrem ersten Besuch im Phantasialand.

Dann betreten wir den Verkaufsraum, der so hoch und so groß ist wie zwei Turnhallen, und ich taumele fast zurück, weil mich von der ersten Regalwand ein riesiger silberner Büffelkopf anstiert. Du liebes bisschen, die Prärie ruft! Ein Wunder, dass keine Geier unter der Decke kreisen.

»Boah«, entfährt es meinem Mann, der ehrfürchtig stehen geblieben ist. Grills, so weit das Auge reicht. Wobei man bei vielen auf den ersten Blick gar nicht erkennen kann, dass es sich um Grillgeräte handelt. Vorne stehen haufenweise eierförmige Keramik-Grillöfen, wie Marcel auch einen hat, nur sind die hier *noch* größer. Dahinter kommt eine Reihe Dampflokomotiven.

»Das sind Smoker«, erläutert mein Mann mit Kennermiene und klappt den Deckel eines Gerätes auf, das auch als Requisite in einem Film über den Eisenbahnbau im Wilden Westen dienen könnte. Dass es nicht auf Schienen steht, wundert einen regelrecht.

»Albern«, sage ich. »Wer braucht denn so was?« Mein Mann beugt sich vor, um das Innenleben dieses Monstrums zu betrachten. »Nicht wahr?«, insistiere ich. »So was braucht doch kein Mensch!« Aber er ist schon in andere Sphären entrückt, das sehe ich an seinem seligen Grinsen. Und mir wird klar, warum das Schicksal mich heute hierher gelenkt hat: Ich muss unter allen Umständen verhindern, dass mein Mann eine sensationelle Dummheit begeht.

Und das ist wahrlich keine einfache Aufgabe. Trunken vor Glück taumelt er durch die Reihen und murmelt dabei die Namen der Grills. Gourmet Guru. Broil King Imperial. Napoleon Triumph. Monarch. Sovereign. Eindeutig die Herrscherklasse der Grills. Dazwischen eine gigantische Feuerschale, in der man im Mittelalter gleich für drei Delinquenten ein hübsches Ölsiedebad hätte bereiten können. Mannshohe Buddhafiguren und Osterinsel-Steinköpfe kann man auch kaufen, falls man tausenddreihundert Euro übrig hat. In den Regalen türmt sich allerlei Zubehör von aromatisierten Holzchips über Schneidebretter und Grillzangen bis zu Gewürzen und Soßen. Auf den Verpackungen lachen Männer in verschiedenen Stadien der Ekstase. An einem Regal mit Grillbüchern biegen wir ab und geraten nun wirklich ins Staunen, weil der Laden noch weitergeht, eine zweite Halle schließt sich an, es ist wie im Barbecue-Museum. Mir wird schwindelig. Pärchen wie wir schlendern herum, die Frauen gerne ein paar Schritte hinter dem Mann, mit mehr oder weniger überforderten Mienen. »Und wofür ist das?«, fragt eine Blondine mit leierndem Tonfall, und es klingt, als hätte sie diese Frage heute schon mehrfach gestellt. Jedenfalls reagiert ihr Freund leicht gereizt. »Ein Rotisserie-Set«, stöhnt er.

»Ein *was*?«

»Ein Drehspieß-Set«, übersetzt er genervt. »Damit kann man den Braten über dem Feuer drehen.« Auf seinem Unterarm ist in Schreibschrift *Glut für Glut* eintätowiert, was ich so besorgniserregend finde, dass ich mich dabei ertappe, darauf zu starren. Bis ich kapiere, dass der erste Buchstabe kein G ist, sondern ein B. *Blut für Blut*. Was die Sache eindeutig nicht besser macht. Ich meine, was soll mir das sagen? In einem *Grillshop*? Ich bin so abgelenkt, dass ich einen Moment lang meine Mission vergesse. Die fällt mir aber siedend heiß wieder ein, als ich meinen Mann entdecke. Er steht vor einem kleinwagengroßen Edelstahlgrill. Und redet. Mit einem Verkäufer. Dessen siegesgewisser Gesichtsausdruck verrät, dass er *weiß*, dass er auf leichte Beute gestoßen ist. Flink eile ich zu ihnen. Der Verkäufer preist die Ausstattung des Grills: Edelstahlbrenner, Edelstahl-Heckbrenner und Power-Seitenbrenner. Wenn ein Mann bisher noch keine pyromanische Leidenschaft in sich entdeckt hat, wird er es hier tun. Ich finde das Preisschild, und meine Knie geben ein bisschen nach. »Sechstausend Euro!«, entfährt es mir. »Wer kauft denn so was?« Ich starre den Verkäufer fassungslos an.

Der lacht. »Haben wir am Anfang auch gedacht. Aber dann war im Februar schon alles vergriffen.«

»Irre«, sagt mein Mann und streichelt ehrfürchtig über den Deckel. »Das ist aber auch ein Prachtstück.«

»Wir suchen einen ganz normalen Grill«, sage ich schnell. »Irgendwas Einfaches.«

Mein Mann fügt hinzu: »Gefühlsmäßig tendiere ich eigentlich zum Holzkohlegrill.« Weil er den Verkäufer fixiert, bemerkt er mein Augenrollen nicht. »Aber hier stehen so viele Gasgrills. Was würden Sie denn empfehlen? Gas oder Holzkohle?«

»Beides natürlich«, sagt der Verkäufer und lacht verschmitzt. Mein Mann wirft mir einen Hör-diesem-vernünftigen-Mann-gut-zu-Blick zu und lacht ebenfalls. Das kann ja heiter werden. Ich straffe mich innerlich. Falls er jetzt wirklich auf die Idee kommt, unseren Jahresurlaub in Rauch aufgehen zu lassen, muss ich alle gewichtigen Argumente bereithalten. Wie zum Beispiel: *Nein*. Vielleicht auch noch: *Nein, nur über meine Leiche.*

Aber der Verkäufer hat natürlich sofort die leichten innerehelichen Differenzen bemerkt und zeigt uns bereitwillig Modelle, mit denen der Haussegen nicht sonderlich gefährdet ist. Von denen es weniger gibt, als man denkt. Es wäre wirklich ein Leichtes, hier all seine Ersparnisse loszuwerden. Anderthalb schweißtreibende Stunden später haben wir uns auf zwei Modelle fokussiert. Einen Gasgrill für zweihundert Euro und einen 57er-Kugel-Holzkohlegrill für dreihundert Euro. Der Verkäufer hat sich für unsere privaten Beratungsgespräche diskret zurückgezogen. Ich erkläre meinem Mann, es sei mir egal, welchen Grill er kaufe, aber auf keinen Fall beide. Das wäre Irrsinn. »Aber du hast doch gesehen, was mit einem Holzkohlegrill passieren kann. Zack, durchgeglüht«, argumentiert mein Mann.

»Das Ding war verrostet, weil es draußen gestanden hat. Ohne Deckel«, füge ich streng hinzu, damit er merkt, dass es hauptsächlich seine Schuld war.

»Und der Verkäufer hat wirklich recht. Gas ist viel einfacher. Wenn ich von der Arbeit komme und uns noch schnell was grillen will, brauchen wir nicht erst die Kohlen anzünden. Und Herr Lubitz hat dann auch nichts mehr zu meckern.« Er sagt das, weil er natürlich weiß, wie wichtig mir die nachbarschaftliche Harmonie ist.

»Gut«, sage ich überzeugt. »Dann nimm halt den Gasgrill.« Erleichtert, dass diese Entscheidung endlich gefallen ist, will ich den Verkäufer herbeirufen. Und nach Hause fahren. Ich habe nämlich langsam mächtig Kohldampf. Was in dieser Umgebung noch schwerer auszuhalten ist als sonst. Diese Shopbesitzer wissen das natürlich und haben überall Kübel mit Gummibärchen aufgestellt, aus denen ich mich schon reichlich bedient habe. Aber jetzt will ich was Herzhaftes. Knusprige Rippchen zum Beispiel.

Oh Gott!

Habe ich eben wirklich an *Rippchen* gedacht?

Ich hatte noch nie Verlangen nach Rippchen!

Hilfe!

Ich bin eindeutig schon zu lange in diesem Fleischpalast.

»Los«, knurre ich. »Schnappen wir uns den Gasgrill.«

Doch mein Mann zögert. »Aber das geht nicht«, windet er sich. »Wir brauchen auch einen Holzkohlegrill. Wir können doch nicht ohne Holzkohlegrill leb… äh… nach Hause kommen.«

Und dann schiebt er das Totschlagargument schlechthin hinterher, dem man als Mutter *unmöglich* widersprechen kann: »Die Kinder wären furchtbar enttäuscht.« Dabei guckt er mich an wie Töchterchen, wenn sie sehr ernsthaft erklärt, dass die Schokolade schimmelig wird, wenn sie sie nicht sofort aufessen darf. Und da geben wir, mein nach Rippchen lechzender Magen und ich, uns geschlagen. »Was soll's«, seufze ich. »Dann nimm halt beide.«

Er umarmt mich vor lauter Begeisterung. »Du bist die

Beste, ehrlich«, sagt er. »Ich würde dich glatt noch mal hei-
raten!«

So ein hübsches Kompliment hat er mir das letzte Mal
gemacht, als ich vor zwei Jahren mit seinem Wagen in der
Waschanlage gewesen war. Und ich muss lächeln. Mein
Mann ist glücklich. Wenn er glücklich ist, bin ich es auch.
Besonders, wenn ich jetzt schleunigst etwas zwischen die
Kiemen kriege.

EINKAUFEN

Nichts!
Wie nichts?
Wir müssen
doch was essen!
Werden wir
auch ☺

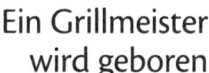

RIB RIB HURRA

Ein Grillmeister wird geboren

Mein Mann hat ein Geheimprojekt. Im Kühlschrank liegt seit gestern ein ominöses Paket, in Frischhaltefolie einge-packt. Als ich ihn fragte, was das denn sein sollte, rief er nur: »Nicht dran gehen! Ist eine Überraschung.«

Seitdem mache ich mir Sorgen. Einmal hat er mich am Wochenende entführt – zu einem besonderen Erlebnis, wie er sagte. Genaueres wollte er nicht verraten, bis wir ange-kommen waren an einer großen Wiese in der Eifel, auf der riesige Gummibälle herumkugelten. Mit *Leuten* drin. Dieser Wahnsinn hat sogar einen Namen: Zorbing. Mir schlottern immer noch die Knie, wenn ich nur dran denke! Aber ich konnte ja meinen Mann nicht enttäuschen, der aufgeregt wie ein kleiner Junge neben mir stand und mich bat, mich mit ihm zusammen in einen dieser durchsichtigen Gummi-bälle schnallen zu lassen und den Abhang runterzukullern. Also tat ich es. Es dauerte fünf Minuten und fühlte sich an wie die Ewigkeit. Seitdem bin ich generell skeptisch, wenn mein Mann in Eigenregie irgendwas ausheckt. Na ja. Mal sehen, ob mir von dem Paket im Kühlschrank genauso übel wird wie vom Zorbing. Ich hoffe nicht.

Heute ist Samstag. Das Frühstück ist fertig, Kaffeeduft

zieht durch das Haus, und ich freue mich auf ein leckeres Brötchen, als mein Mann runterkommt. Er fragt mich im Vorbeigehen: »Wo ist eigentlich der Deckelhalter, den wir letztens bei Ikea gekauft haben?«

»Wir haben einen Deckelhalter gekauft?«, frage ich verblüfft zurück. »*Wozu*?«

Aber mein Mann gibt keine Antwort, sondern verschwindet nach draußen. Die Kinder ihm hinterher. Und anscheinend hat auch niemand die Absicht, wiederzukommen. Ich lese den ganzen ersten Teil der Zeitung, und immer noch ist keiner da. Das ist ganz und gar untypisch für meine Familie, wo sich doch immer alle auf unser Wochenendfrühstück mit Croissants und Orangensaft und frischem Fleischsalat vom Metzger freuen. Mir läuft jedenfalls schon das Wasser im Mund zusammen. Hungrig (und ein wenig verärgert) linse ich aus dem Fenster. Das kann doch nicht wahr sein! *Wusste* ich es doch! Wenn mein Mann schon vor dem ersten Kaffee aktiv wird, kann nur seine neue Leidenschaft dahinterstecken. Jetzt lässt er mich schon am Frühstückstisch warten, um am Grill rumzufummeln! Was soll das denn werden? Will er uns ein Rührei *grillen*? Alarmiert gehe ich nach draußen. Da steht mein Mann und stapelt in aller Ruhe Briketts kreisförmig in seinen neuen Kugelgrill. Ich schaue ihm eine Weile zu, und obwohl es ja nun offensichtlich ist, was er tut, erschließt sich mir sein Handeln ganz und gar nicht. Ich meine, was soll das werden? Klötzchenbauen mit Grillkohle? Beschäftigungstherapie für den grillsüchtigen Mann?

»Was machst du da?«, frage ich, und es klingt etwas mürrischer als beabsichtigt. Zu meiner Verteidigung muss ich sagen, dass ich vor dem Frühstück schon mal ein bisschen stimmungssensibel sein kann.

»Ich mache einen Minion-Ring«, erklärt er kryptisch. Ein bisschen Stolz schwingt auch in seiner Stimme mit.

»Ich bin auch ein Minion«, kräht Töchterchen und fängt an zu plappern wie die kleinen gelben Zwerge aus den Filmen. Auch Sohnemann rastet minionartig aus, klammert sich an mich und schreit »Banana, Banana!« Dabei tut er so, als ob er mich essen will. Ich fühle mich von dem präkalorischen Übermut überfordert und verziehe mich nach drinnen, wo ich mich dazu entschließe, mir einfach schon mal ein Brötchen mit Himbeermarmelade zu schmieren. Auf diese Art besänftigt fällt mir die Warterei auf meine Familie deutlich leichter.

»Das Internet ist wirklich toll«, verkündet mein Mann, als er mit den Kindern endlich reinkommt.

»Ach ja. Hat dein Grill mit diesem Minion-Ring jetzt WLAN-Empfang?«, frotzele ich.

»Ha. Ha.« Und dann schwärmt er mir von einer Internetseite vor, auf der ein gewisser Barbecue-Pit die Minion-Ring-Technik genauestens beschreibt, die irgendwie wichtig ist, wenn man den Grill bei gleichmäßiger niedriger Temperatur betreiben will.

»Toll«, sage ich stichelnd. »Und erklärt dieser Pit auch, warum man das vor dem Frühstück machen muss?«

»Ja«, antwortet mein Mann und grinst wissend. Die Kinder grinsen auch und werfen sich verschwörerische Blicke zu.

»Also, was habt ihr vor?«, frage ich. »Was ist das große Geheimnis?«

»Verraten wir nicht«, sagt Töchterchen. Sohnemann schüttelt eisern den Kopf. Mein Mann zwinkert mir zu und beißt in sein Croissant. »Ach so«, lässt er beiläufig fallen. »Meine Eltern kommen nachher.«

»Was?«, rufe ich. »Aber ich habe doch gar nichts zu essen geplant!«

Und da sagt er in aller Seelenruhe: »Lass das mal meine Sorge sein.«

Ha! Als ob ich mir keine Sorgen mache, nur weil mir einer sagt, ich solle mir keine Sorgen machen. Mit »einer« meine ich *vor allem* meinen Mann. Seit wann bitte schön plant der ein ganzes Abendessen? Und was – verdammt noch mal – ist in diesem Folienpaket im Kühlschrank? Ich bin natürlich total kribbelig, bemühe mich aber, mich äußerlich ungerührt zu geben, während ich überschlage, welche Rettungsmöglichkeiten mir zur Verfügung stehen, falls das, was er da vorhat, in die Hose geht. Spaghetti. Natürlich. Spaghetti haben wir immer da. Aglio, olio e peperoncini. Ein Basilikum-Pesto könnte ich auch vorbereiten, das mögen auch die Kinder. Genau. Der Spaghetti-Friede senkt sich über mich und lässt mich dem Tag entspannt entgegenblicken. Soll er doch mal sehen, wie es ist, Verantwortung für die Verköstigung von Gästen zu tragen! Nach dem Frühstück bin ich mit einer Freundin zum Walkie-Talkie verabredet. So nennen wir unsere Walkingrunde, bei der wir stramm marschieren, aber genauso stramm plaudern. Als ich wiederkomme, ist mein Mann mit den Kindern schwimmen gefahren. Das Paket aus dem Kühlschrank ist weg. Der Grill steht im Garten und tut so, als könnte er keinem Würstchen was zuleide tun. Das Deckelthermometer zeigt hundertzwanzig Grad. Ich bin in starker Versuchung, das Geheimnis zu lüften. Nur mal eben ein bisschen spinksen. Kriegt doch keiner mit.

»Seid ihr schon wieder am Grillen?«, fragt da Herr Lubitz durch die Hecke.

»Äh. Ja. Ich glaube schon. Sieht so aus.« Ich lache dümmlich.

»Es riecht auch so«, sagt er anklagend, dann verschwindet er wieder hinter der Hecke. Typisch! Die ganze Zeit wurschtelt mein Mann hier rum, aber ich bin genau dann zur Stelle, wenn Herr Lubitz mal wieder Dampf ablässt. Ich möchte echt wissen, wozu mein Mann eigentlich den Gasgrill gekauft hat, der immer noch unausgepackt in seinem Karton steht. Der sollte doch dazu da sein, die Nachbarschaft im Zaum zu halten!

Andererseits – wenn ich schon diejenige bin, die den Zorn der Umgebung auf sich zieht, darf ich wohl auch erfahren, was wir da Ominöses grillen. Ich lege gerade die Hand auf den Deckelgriff, da schreit Sohnemann: »Mama, nicht! Das ist doch eine Überraschung!«

Ich halte inne. »Ich bin aber doch so neugierig«, bettele ich und schiebe listig nach: »Ihr könnt euch schon alle freuen, nur ich nicht.«

Mein Mann und Töchterchen sind auch rausgekommen, die Haare feucht und verstrubbelt, als existierten solche Hilfsmittel wie Föns und Bürsten überhaupt nicht. »Aber du darfst das nicht aufmachen«, sagt Töchterchen streng, »weil sonst der ganze Dampf rausgeht. Oder, Papa?«

Der nickt.

»Och, schade«, maule ich.

Mein Mann wirft einen wichtigen Blick auf seine Uhr und sagt: »Na gut. Es wird sowieso Zeit für Phase zwei. Kinder! Aufgepasst!« Er reckt seinen Zeigefinger in die Luft und schaut uns alle der Reihe nach an. »Jetzt wird es richtig spannend!«

Du meine Güte. Fehlt nur noch der alberne Frack, dann kann er sich als Zirkusdirektor bewerben.

»Töchterchen, die Alufolie bitte!«, ruft er dramatisch.

»Wo ist die?«, fragt sie.

Mein Mann sieht mich fragend an.

»Dritte Schublade von oben, rechts neben dem Kühlschrank«, sage ich. Töchterchen flitzt los.

»Sohnemann, den Apfelsaft!«, fordert mein Mann.

»Haben wir überhaupt noch Apfelsaft?«, fragt Sohnemann.

»Haben wir überhaupt noch Apfelsaft?«, wiederholt mein Mann an mich gewandt. Ich nicke. Immerhin kann ich also auch meinen Teil zum Gelingen des Unternehmens beitragen. Wenn es denn überhaupt gelingt.

Mein Mann reißt ungefähr einen Kilometer Alufolie ab, und ich verkneife mir jede Bemerkung über die Schädlichkeit dieses Materials für Mensch und Umwelt. Er legt die Bahnen in drei Schichten übereinander und bewaffnet sich mit der Grillzange.

»Seid ihr bereit?«, fragt er. Die Kinder nicken gewissenhaft. Mein Mann schaut mich prüfend an.

»Mach auf«, nicke ich ungeduldig.

»Moooooment. Nicht so schnell, Madam!« Er atmet tief ein. Und deklamiert theatralisch: »Und jetzt, meine Damen und Herren, präsentiere ich Ihnen die … *Trommelwirbel, Trommelwirbel …*«

Sohnemann und Töchterchen fangen an, mit Stöcken auf eine Gießkanne und einen Blumentopf zu schlagen. Mein Mann hält inne, die linke Hand auf dem Deckelgriff, die andere mit der Grillzange in die Luft gereckt. Ich möchte die Löwen aus ihrem Käfig lassen, damit sie dem Zirkusdirektor mal kräftig in den Hintern beißen. Der reißt endlich den Deckel hoch und schreit: »Meine Damen und Herren: die … *Rippchen!*«

Dampf steigt auf. Die Kinder klatschen und grölen. Als der Dampf sich verzogen hat, sehe ich drei Reihen Rippchen auf dem Metallgestell, das ich als diesen seltsamen Ikea-Deckelhalter identifiziere. Mein Mann stellt das ganze Ding auf ein Brettchen auf den Tisch, prüft noch einmal den Brikett-Ring, nickt zufrieden und schließt den Deckel wieder.

»Du machst Rippchen?«, frage ich mit an Idiotie grenzender Verblüffung.

»Super, was?«

»Ich weiß gar nicht, ob ich die mag«, gebe ich zu bedenken.

»Aber du hast doch letztens gesagt, du möchtest Rippchen«, sagt er verdutzt.

»Das war doch nur eine Übersprungshandlung, weil ich zu lange in diesem Fleischpalast war.«

»Blödsinn«, sagt mein Mann. »Das zeigt einfach, dass du langsam aber sicher einen guten Geschmack entwickelst.« Er packt die Rippchen in die Alufolie, schüttet Apfelsaft dazu, verschließt das Ganze und legt es zurück auf den Grill. »So, ihr Lieben, in zwei Stunden sehen wir uns wieder«, sagt er und schließt den Deckel. Jetzt *redet* mein Mann auch schon mit den Rippchen. Du liebe Güte! Wohin soll das nur führen?

Aber er tut so, als hätte er alles im Griff. Und ist auch noch total entspannt dabei! Das macht mich ja *erst recht* nervös. Ich dagegen kann in der Badewanne gar nicht entspannen. (Dabei habe ich sogar die doppelte Menge Relax-Schaumbad reingeschüttet.) Total benebelt von den ätherischen Ylang-Ylang-Ölen taumele ich anschließend zum letzten Akt der Grillvorführung.

Die Rippchen werden *lackiert*.

Erst denke ich, ich hätte noch Schaum im Ohr, aber ich habe mich nicht verhört. Die Rippchen werden mit einer

Pampe bestrichen, was der Griller offensichtlich *lackieren* nennt. Oder zumindest mein Mann. Dann bleiben die Rippchen noch eine Stunde auf dem Grill. Zur gleichen Zeit kommen unsere Gäste. Mein Mann, tiefenentspannt wie immer, begrüßt seine Eltern. Sie haben den Kindern ungefähr zehn Kilo Gummibärchen mitgebracht. Na ja. Ein Pfund vielleicht. Für *jeden*. Ich stopfe sie in den Süßigkeitenschrank, damit die Kinder nicht auf die Idee kommen, sie sich gleich einzuverleiben. In diesem Moment verkündet mein Mann, dass das Essen fertig ist! Mit großem Tamtam stellt er die Rippchen auf den Terrassentisch, der ansonsten so leer ist wie ein frisch gespülter Teller.

»Äh«, sage ich. »Hast du nicht was vergessen?«

»Wieso?«, fragt er.

»Fehlt da nicht etwas?«, frage ich mit meinem besten pädagogischen Ton, der natürlich das eigenständige Denken fördern soll, Hilfe zur Selbsthilfe quasi. Ich zeige auf den leeren Tisch. Weil es immer noch keine Anzeichen gibt, dass er kapiert, was ich meine, füge ich hinzu: »Zum Beispiel *Besteck*. Oder *Teller*?«

»Ach so, ja«, sagt er. »Stimmt.«

»Können wir nicht mit der Hand essen?«, ruft Sohnemann begeistert.

»Ja, genau!«, stimmt Töchterchen ein.

Die Miene meines Mannes hellt sich sofort auf. »Aber so was von! Sohn, hol die Küchenrolle! Tochter, das Baguette!«

Die beiden flitzen rein. Ich glotze konsterniert in die Gegend. So ist das also. Auf Esskultur kann man bei uns offensichtlich komplett verzichten. Zum Glück sind meine Schwiegereltern für jeden Unfug zu haben und stören sich kein bisschen daran, dass es bei uns neuerdings zugeht wie in der Höhle von Familie Feuerstein. Mein Missfallen an den Begleitumständen und meine Skepsis gegenüber Rippchen schmelzen allerdings sehr schnell dahin. Genauer gesagt: beim ersten Bissen in die Spareribs. Der Geschmack ist so verblüffend köstlich, dass ich gar nicht mehr sauer sein kann, selbst wenn ich wollte! Im Gegenteil: Meine Synapsen fangen an, Saltos zu schlagen, meine Laune steigt dramatisch! Ich kann nicht fassen, wie *lecker* die sind. Und dass ich noch nie im Leben Rippchen gegessen habe! Wie bescheuert war das denn? Die schmecken GIGANTISCH lecker! Zart und weich und knusprig und süß und salzig und herzhaft und einfach sensationell!

»Das gibt es doch gar nicht«, entfährt es mir. Auch meine Schwiegereltern sind total von den Socken und können kann gar nicht aufhören, ihren Sohn zu loben.

»Hab ich's nicht gesagt!«, lächelt er zufrieden.

Und mit dem köstlichen Geschmack im Mund und einem neuen Rippchen in der Hand lasse ich mich zu der verhängnisvollen Aussage hinreißen: »Also, wenn *das* bei deinem neuen Hobby rauskommt, dann bin ich für alle Zeiten eine glückliche Frau.«

Und mein Mann scheint mit einem Mal zu wachsen. Er kommt mir schon so groß vor, als hätte er einen Zylinder auf.

DIE SCHATTENSEITEN DER INDIREKTEN HITZE

Männerabend im Reihenhaus

Seit dem Rippchen-Triumph hält sich mein Mann für einen Grillmeister. Der amerikanische Traum vom Würstchenbrutzler zum Barbecue-Millionär scheint für ihn zum Greifen nah. Inspiration dazu holt er sich – natürlich – im Internet. »Dieser Barbecue-Pit hat auch mit einem einfachen Kugelgrill angefangen, den ihm seine Frau geschenkt hat«, schwärmt er. »Und schau dir das an!« Er zeigt mir im Internet Bilder von der Outdoor-Küche, die bei Barbecue-Pit im Garten steht. »Und jetzt ist er Deutscher Grillmeister und fährt durch die ganze Welt, um bei Meisterschaften zu grillen.« Die Augen meines Mannes leuchten. »Also, Grillprofi ist wirklich ein Traumberuf.«

»Du willst Grillprofi werden?«, wiederhole ich konsterniert.

»Warum nicht?«, fragt er lächelnd und verschwindet in den Garten. *Mal wieder.* Er und sein neuer Kugelgrill sind kaum noch voneinander zu trennen. Ich fühle mich fast so, als hätten wir vierbeinigen Familienzuwachs bekommen. Immerhin haart er nicht oder pinkelt auf den Teppich. Der Gasgrill dagegen steht noch immer unausgepackt im Karton in der Garage und wartet auf seinen Einsatz. So viel zum

Thema Grillprofi. Ich verrate meinem Mann natürlich nicht, dass ich *gewusst* habe, dass es eine Schnapsidee war, direkt zwei Grills zu kaufen. *Noch* nicht. Das hebe ich mir auf für die nächste Gelegenheit, wenn er wagt, sich darüber aufzuregen, dass ich Schuhe im Doppelpack gekauft habe. Aber anstelle einer Gelegenheit, ihm meine Genugtuung aufs Brot zu schmieren, tritt etwas Unerwartetes ein. Schon wieder!

Erst kommt mein Mann am nächsten Tag unangekündigt viel später nach Hause als üblich. Dann nennt er folgende Ausrede: »Marcel wollte noch in den Grillshop, da bin ich mitgefahren.« Er strahlt mich an. »Und ich habe ein Geschenk für dich!« Wenn er einen Edelstahl-Büffelkopf gekauft hat, den wir an die Wand hängen sollen, lasse ich mich scheiden. Aber es ist eine gusseiserne Pfanne. Für den Grill, natürlich. »Eine Pfanne«, sage ich. »Wie schön.« Fast so schön wie der Trockner, den ich zu Weihnachten bekommen habe.

»Heb mal den Deckel hoch«, fordert er.

Ich seufze. Ich weiß, wie eine Pfanne von innen aussieht, will ich sagen, doch ich tue ihm den Gefallen – und bin tatsächlich überrascht. Denn in der Pfanne steht in Folie eingeschlagen etwas, was ich mir wirklich gewünscht habe.

»Das Schmetterlingsteelicht!«, hauche ich. »Sogar zwei!«

»Ich wusste nicht, ob du lieber hellgrün oder hellblau wolltest«, sagt er, und Stolz schwingt in seiner Stimme mit.

»Danke! Wie lieb von dir!« Ich umarme ihn begeistert. Und während ich schon überlege, wo die beiden Teelichter am besten zur Geltung kommen, sagt er: »Und mit der Pfanne kannst du auf dem Gasgrill dieses Zeug zubereiten, wenn ich an der Kugel stehe und für unsere Gäste grille.«

»Welches Zeug?«, frage ich, immer noch vom Anblick der schönen Teelichter abgelenkt.

»Na, deinen Gemüsekram.«

Jetzt werde ich aber unsanft aus meinen Dekorationsträumereien gerissen. Wie, *meinen Gemüsekram*? Was soll das denn bitte schön heißen? Ich bin drauf und dran, ihm einen ernährungswissenschaftlichen Vortrag samt pädagogisch relevanter Ausführung über seine Vorbildfunktion für die Kinder und ihr Essverhalten zu halten, da wird mir klar, was er noch gesagt hat: »Und welche Gäste überhaupt? Marcel und Britta etwa?«

»Nein«, ruft er abwehrend. »Bis wir die einladen, muss ich noch was üben.«

Ich bin überrascht. Der Grillmeister hat Bedenken über seine Qualifikation. Immerhin weiß er also, dass der Weg zum Grillprofi noch weit ist.

»Wer kommt denn dann?«, frage ich.

»Michi und Boom«, sagt mein Mann beiläufig. Ich starre ihn an. Michi und Boom. Auweia.

»Die beiden sind genau die richtigen Testesser«, schiebt mein Mann hinterher, »bis ich das mit der Glutverteilung und den Garzeiten richtig raushabe. Und das Gute ist, für die müssen wir auch kein Gemüse machen.«

»Michi und Boom«, seufze ich. »Na gut. Irgendwann musste das ja sein. Bringen wir es hinter uns.«

Das Gute ist: Michi und Boom sind anspruchslose Gäste. Solange man genug Bier im Haus hat, kann nichts schiefgehen. »Ein Kölsch ist so wertvoll wie ein kleines Steak«, ist einer ihrer Wahlsprüche. Michi und Boom, der eigentlich Andreas heißt, sind Kumpels aus den vergangenen Studententagen meines Mannes. Wobei man bei den beiden den Eindruck hat, dass diese Tage noch lange nicht vorbei sind. Sie hausen immer noch in ihrer Studenten-WG, halten sich mit Gelegenheitsjobs beim Messebau über Wasser und pflegen nach wie vor den Bier-ist-Trumpf-Lebensstil der Neunzigerjahre. Ihre Bäuche allerdings sind total up to date und altersentsprechend ausgeweitet, und die Haare sind auch nicht mehr da, wo sie mal waren. Eigentlich sind sie nett und lustig und eine erfrischende Abwechslung zu manchen im »Familienmanagement« gefangenen Bekannten, die immer auf die Uhr schielen, damit die Kinder nur ja nicht später ins Bett kommen als üblich, weil sonst »der ganze Rhythmus« durcheinanderkommt. Wobei ich manchmal den Eindruck habe, dass es eher die Eltern sind, die mit »Rhythmus« ihre heilige Zeit auf dem Sofa meinen. Aber zurück zu Michi und Boom. Das Seltsame (und Verstörende) an ihren Besuchen ist, dass mein Mann in ihrer Anwesenheit eine Verwandlung durchläuft. Es ist, als ob er sich im Zeitraffer zurückentwickelt ins Stadium infantilen Verhaltens. Schon mit der Begrüßung geht es los. Anstatt sich zu umarmen oder eine andere, den allgemeinen Regeln der Höflichkeit entsprechende Begrüßungsform an den Tag zu legen, fangen Michi und mein Mann eine Art Schattenboxen an, das schnell in einen Ringkampf übergeht. Mit Boom macht er so eine alberne Faust-Handschlags-Choreografie, als wären sie irgendwelche Ghettobrüder und nicht Erwachsene mit akademischem Hintergrund. Und in der Regel ist es kurz darauf nicht mehr möglich, mit meinem Mann einen vernünftigen Satz zu wechseln, weil er in einen Code verfällt, der aus einer Mischung aus Testosteron, Alkohol und jugendlichem Irrsinn besteht. Auf der anderen Seite sind diese Treffen durchaus interessante soziologische Studien. Wann kann man sonst schon hautnah beobachten, was bei einem Männerabend so alles passiert?

»Ich hätte echt nicht gedacht, dass ihr mal in einem

Reihenhaus endet«, dröhnt Michi, nachdem er und mein Mann ihre rituelle Rauferei beendet haben.

»Besser als in der Justizvollzugsanstalt«, johlt mein Mann, und die beiden lachen.

»Krass, Alter«, befindet auch Boom und drückt mir als Begrüßungsgeschenk ein Sixpack Beck's und zwei Tüten Baconsnacks in die Hand.

Im Garten hat der Grill schon Betriebstemperatur erreicht. Obwohl die Würstchen auf dem Rost liegen, ist vom typischen Grillgeruch kaum was zu merken. Mein Mann öffnet den Deckel, nimmt seine Grillzange und wendet die Würstchen, die immer noch ziemlich hell sind.

»Ist der Grill überhaupt an?«, will Boom wissen.

»Natürlich.«

»Man sieht ja gar nichts«, stellt Michi nach einem Blick in die Kugel fest.

»Hier ist die Kohle«, sagt mein Mann und deutet auf zwei Metallgestelle, die jeweils links und rechts in der Grillkugel stehen und die man je nach Bedarf verschieben kann. Die Kohle darin ist mit einer weißen Ascheschicht überzogen und sieht ziemlich inaktiv aus.

»Heutzutage kommt das Grillgut gar nicht mehr mit dem Feuer in Berührung«, doziert mein Mann und zeigt auf die Würstchen, die in der Mitte des Rostes liegen. Michi und Boom glotzen ihn an, als spräche er Kisuaheli.

»Wie jetzt?«, fragt Boom. »Und wie grillt man dann?«

»Mit indirekter Hitze«, sagt mein Mann stolz.

»Und was macht der Wassertopf da unten drin?«, fragt Michi.

»Das ist eine Tropfschale«, klärt mein Mann auf. »Da tropft das Fett hinein. So kann es zu keinem Fettbrand kommen, der Flammen erzeugen würde, die das Gargut verbrennen.«

Ich stelle fest, dass der Kugelgrill einen guten Einfluss auf meinen Mann hat. Er redet trotz der Anwesenheit seiner alten Freunde so vernünftig. Ich bin tatsächlich stolz auf ihn!

»Scheiße, Mann«, sagt Boom, wirft Michi einen Blick zu und fängt an zu kichern. »Eine *Tropfschale!*«

»So was passiert einem, wenn man verheiratet ist!«, krakeelt Michi.

»Und in einem Reihenhaus wohnt«, lacht Boom, und die beiden stoßen noch mal an und leeren ihre Bierflaschen auf ex. Mein Mann guckt angesäuert und wendet die Würstchen, die immer noch die vornehme Blässe einer japanischen Prinzessin aufweisen. Michi holt mehr Bier. »Das kann ja noch dauern«, stellt Boom fest und geht mit der Flasche in der Hand mit den Kindern Fußball spielen. Mein Mann schließt schnell den Deckel. Michi starrt auf den Grill, als wäre er die Glaskugel einer Wahrsagerin. Dann sagt er nachdenklich: »Weißt du noch? Das Vatertags-Grillen auf der Dachterrasse vom Studentenwohnheim?«

Aha, denke ich. Schon beim zweiten Bier geht es also los. Das alte Weißt-du-noch-Spiel.

»Na klar weiß ich das noch«, ruft mein Mann lachend, und beäugt das Deckelthermometer.

»Ich aber nicht«, mische ich mich neugierig ein. »Die hast du mir noch nie erzählt!«

Michi wendet sich an mich. »Ich hatte alles eingekauft. Fleisch. Bier. Kohle. Erst als die anderen kamen, habe ich gemerkt, dass uns was sehr Entscheidendes fehlte.«

»Was denn?«, frage ich ratlos.

Mein Mann prustet leise vor sich hin, Michi zögert die Pointe noch einen Moment raus, dann posaunt er: »Ein Grill!«

»Wir hatten einfach keinen Grill«, bestätigt mein Mann schmunzelnd.

»Und dann?«, frage ich und rechne mit einer Story, dass das Grillen in einer Orgie in der Gemeinschaftsküche endete. Oder so. Michi und mein Mann kichern los.

»Dann haben wir uns einen Grill gebastelt. Aus einem Betonblumenkübel, in dem wir die Kohle angezündet haben. Und als Grillrost haben wir einen metallenen Terrassenstuhl genommen«, sagt Michi. »Der hatte zwar eine Plastikbeschichtung, aber die haben wir einfach über dem Feuer verschmort, bis nur noch das Metallgitter übrig war. Und darauf haben wir das Fleisch gegrillt!«

»Das glaube ich nicht«, rufe ich. »So *bescheuert* wart ihr?«

»Was heißt denn hier bescheuert?«, protestiert mein Mann. »Das war doch wohl sehr erfindungsreich.«

»Aber die ganzen Giftstoffe und ...« Mir bleibt die Spucke weg.

Michi und mein Mann lachen und klongen ihr Bier aneinander. »Das hat uns damals nicht die Bohne interessiert«, sagt mein Mann. Dann wandert sein Blick weiter zu seinem Grill, der so pomadig dasteht und vor sich hin dünstet. Auf einmal kommt Leben in ihn. »Was ist nur aus mir geworden?«, schreit er, springt auf und reißt energisch den Deckel seines Kugelgrills runter. »Das ist Schwachsinn. Das ist nicht gegrillt, das ist krankenhaustauglich gedämpft!«, schimpft er, nimmt die Würstchen und schiebt sie auf die Sonnenseite des Grills über die Glut. Drei Minuten später und mit geplatzter brauner Haut holt er sie unter Gejohle vom Rost, und sie schmecken köstlich. Und ich muss plötzlich kichern, als mir einfällt, wie ich mal mit meinen zwei besten Freundinnen in einem Lada Kombi nach Paris gefahren bin und wir kein billiges Hotel gefunden und schließlich mit offener Heckklappe im Kofferraum des Kombis geschlafen haben – mitten im Bois de Bologne.

»Krass, Alter«, lobt Boom, und dann stoßen wir an, auf die Zeiten, in denen man noch jung und wahnsinnig genug war, um Erinnerungen zu produzieren, die man ein halbes Leben später immer noch gerne am Lagerfeuer erzählt. Und eines ist ja wohl klar: Mit indirekter Hitze kann man zwar vielleicht einen Schweinenacken optimal grillen, aber ganz sicher keine Abenteuer erleben.

MANN MIT GRILL SUCHT FRAU MIT KOHLE

Das seltsame Verhalten grillreifer Männer am Nachmittag

»Wo ist Papa?«, frage ich Töchterchen. Sie sitzt mit dem Tablet auf dem Sofa und baut mit Minecraft einen Pferdestall. Das finde ich süß. Auch wenn sie am liebsten auf Bäume klettert und die Farbe Rosa hasst, ist sie doch ein richtiges Mädchen.

»Mist«, ruft sie jetzt.

»Was ist?«, frage ich.

Sie hantiert mit atemberaubender Geschwindigkeit mit dem Tablet. »Ich muss ein paar Zombies abwehren«, erklärt sie.

»*Zombies*?« Ich klinge fast, als ob ich kreische.

»Genauer gesagt Pferdezombies«, erläutert sie.

»Wieso machen denn da Zombies mit?«, frage ich entsetzt. »Ich dachte, es wäre ein harmloses Spiel!«

»Ist es doch auch«, sagt sie gleichgültig.

»Klingt aber nicht so.«

»*Hallo*? FSK *ab sechs*!«, ruft sie, als wäre sie ein alter Zockerprofi. Noch ein Grund mehr, mit meinem Mann zu sprechen. Er ist verantwortlich für den Umgang mit Medien. Auch wenn ich mir immer vornehme, selbst mit der technologischen Entwicklung mitzuhalten und ein kompetenter Ansprechpartner in solchen Dingen zu bleiben. Aber dieser digitale Fortschritt ist einfach ein zappelnder Fisch. Gerade, wenn man denkt, man hat ihn, flutscht er einem aus den Fingern. Mir geht es jedenfalls so. Und deswegen bin ich immer froh, dass mein Mann wirklich eine Menge Ahnung hat davon. Normalerweise jedenfalls.

»Wo ist Papa?«, frage ich noch mal.

»Im Garten«, sagt Töchterchen abgelenkt.

»Was macht er denn?«

»Weiß nicht. Irgendwas Komisches.«

Tatsächlich. Mein Mann hockt auf dem Weg, der am Rasen entlangführt, und schleudert schwarze Brocken auf den Boden. Jetzt sehe ich die Packungen mit der Grillkohle neben ihm. Er wirft also mit Holzkohle. Langsam habe ich das Gefühl, ich verstehe die Welt nicht mehr. Töchterchen kämpft mit Pferdezombies, Ehemann knallt Kohle auf Steinplatten. *Warum?* Ich fange ernsthaft an, mir Sorgen zu machen. Besonders um meinen Mann. Das sieht irgendwie... *depressiv* aus. Ist er gefeuert worden? Hat ihn der Rückschlag mit den gedämpften Würstchen so frustriert? Oder ist vielleicht der Grill kaputt?

Innerlich für das Schlimmste gewappnet gehe ich raus.

»Hallo«, sage ich und bleibe in sicherem Abstand stehen.

»Hey«, sagt er. »Hör mal!« Er nimmt ein Stück Holzkohle und wirft es mit Wucht auf den Weg. Es klirrt, und die Holzkohle zerbricht in viele Stücke. Dann nimmt mein Mann einen Brocken aus einer anderen Packung und wirft ihn ebenfalls auf den Weg. Er knallt dumpf auf den Boden, titscht nach oben, fällt wieder runter und bleibt in einem Stück. Mein Mann schaut mich triumphierend an. »Siehst du!«

Ich mustere ihn argwöhnisch. Sind seine Gehirnwindungen etwa verrußt? Ist das vielleicht schon die Lang-zeitwirkung einer Rauchvergiftung? Aber nein. Er führe gerade eine wissenschaftliche Untersuchung durch, wie er mir jetzt erklärt. »Das hier«, sagt er und zeigt auf die zer-brochenen Kohlestücke, »ist gute Grillkohle. Und das«, er deutet auf den ganzen Brocken, »ist Mist. Die enthält ers-tens nicht so viel Kohlenstoff und zweitens eine Menge Säuren und Teer.«

»Und das hast du daran erkannt, dass sie nicht zerbro-chen ist?«, frage ich erstaunt.

»Ja, genau. Und am Klang.« Er steht auf und klopft sich den schwarzen Staub von den Händen. »Es ist nun mal so«, schlussfolgert er: »Wenn man gut grillen will, braucht man gute Kohle. Und die kriegt man eben nicht für drei Euro an der Tanke. Deswegen bestelle ich mir jetzt Grillkohle im Internet!«

Ich bin erleichtert. Wenn's weiter nichts ist.

»Die kostet zwar dreißig Euro, aber ich denke, das lohnt sich«, fügt er hinzu.

»Dreißig Euro?«, entfährt es mir.

»Ja. Sind aber zwanzig Kilo. Damit kommen wir dann lange aus! Obwohl… wenn wir jeden Tag grillen… na ja. Für einen Monat wird es schon reichen.« Er zuckt mit den Achseln und grinst. Und mir wird langsam klar, dass ambi-tioniertes Grillen keine billige Angelegenheit ist.

GRILLSEELSORGE

Die Selbsthilfegruppe grillgeplagter Ehefrauen

Diese Woche gegessen:

- 🔥 1,5 Lachsfilets, gegrillt
- 🔥 6 Nürnberger Rostbratwürstchen, gegrillt
- 🔥 2 Maiskolben mit Butter und Salz, gegrillt
- 🔥 2 Koteletts, natürlich auch gegrillt
- 🔥 1 Hawaiianisches Huli-Huli-Hähnchen, selbstverständlich auch vom Grill (Es sollte zumindest ein Huli-Huli-Hähnchen werden, aber weil die Marinade ziemlich verbrannt ist, mussten wir es ohne Haut essen. Hat trotzdem geschmeckt – zwar nicht nach Huli-Huli, was immer das auch sein soll, sondern ganz normal nach Hähnchen.)

Es ist doch seltsam. In die Nähe eines Herdes bekommt man meinen Mann nicht mit 202 PS, aber vom Grill muss man ihn fast mit Gewalt trennen. Es kann also nicht die Zubereitung von Nahrung an sich sein, die Männer so fasziniert. Aber was ist es dann? Worin liegt das brennende Interesse des Mannes am Barbecue?

Ich stehe im Wohnzimmer und schaue aus dem Fenster, wo mein Mann in bester Laune mit dem Anzündkamin hantiert. Natürlich steckt in fast jedem Mann ein Spielkind, ein Abenteurer, der sich ohne sein Taschenmesser nackt fühlt und für den es nichts Schöneres gibt als ein zünftiges Gekokel unter freiem Himmel. Und ich verstehe auch, dass es attraktiver ist, im Garten mit Lebensmitteln zu hantieren anstatt in der Küche. Wenn man kleckert, klatscht es schließlich nicht auf die teuren Fliesen, sondern auf den Rasen (oder die Terrasse), wo der nächste Regen oder ein Haufen Ameisen die Putzarbeit erledigt.

Und dann, das muss man natürlich auch sagen, sind die Anforderungen an den Mann am Rost nicht wirklich groß. Man braucht nicht viel Ahnung, um etwas zu essen zu fabrizieren. Einfach ein Steak oder eine Wurst auf den Rost legen, umdrehen – fertig. Weniger Aufwand geht kaum.

Aber trotzdem! Ich kann es einfach nicht nachvollziehen, was am Grillen so toll sein soll. Alle essen, während man selbst noch am Grill steht und schwitzt und sich die Pfoten verbrennt. Man kann die Temperatur nicht einfach per Knopfdruck regeln, nee, man muss umständlich in der Glut wühlen, es stinkt und qualmt. Es gibt also haufenweise Argumente gegen das Grillen. Zumindest aus Frauensicht. Um herauszufinden, was der Mann darüber denkt, bleibt mir nichts anderes übrig, als an der Quelle zu recherchieren. Ich gehe also raus, wo mein Mann gerade auf einem Gartenstuhl in der Sonne sitzt, den rauchenden AZK im Auge.

»Willst du es wirklich wissen?«, fragt mein Mann, nachdem ich ihm meine Ratlosigkeit angesichts des Phänomens *Männer und Grillen* erläutert habe. Ich nicke. »Es wird dir vielleicht nicht gefallen, was ich sage«, warnt er mich.

»Egal«, behaupte ich und straffe mich innerlich.

»Es ist so«, fängt er an. »Die Küche ist dein Revier. Jeder Eindringling wird extrem kritisch beobachtet. Wenn ich was falsch wegräume, meckerst du rum. Wenn ich den Brokkoli rundheraus ablehne oder die Paprika falsch schneide, meckerst du auch. Und wenn ich Dreck mache und vergesse, ihn zu beseitigen, meckerst du erst recht.«

»Nein!«, rufe ich erstaunt. »So viel meckere ich doch nicht!«

»Na, okay. Sagen wir es mal so: Du machst mir deinen Standpunkt deutlich und zeigst mir sehr genau, dass du der Platzhirsch in der Küche bist.«

»Und beim Grillen ...«

»Beim Grillen tust du es eben nicht. Da bin ich der Herr am Rost. Da kann ich mich ausprobieren, ohne dass du mir reinredest.«

Ich starre ihn einen Moment an, bis mir aufgegangen ist, was er da wirklich gesagt hat. »Soll das etwa heißen, du gibst den *Frauen* die Schuld am Grillwahnsinn ihrer Männer?«, rege ich mich auf. Er nickt und lächelt dabei noch nicht mal entschuldigend. Gerade will ich ihm einen Haufen Argumente an den Kopf knallen, wie zum Beispiel »Ich glaube, es hackt« oder »Du spinnst doch wohl!«, da dreht er ab und marschiert zur Terrassentür. »Ich geh noch schnell ein Baguette beim Bäcker holen«, sagt er. Also wirklich! Wie unverschämt! Bleibt noch nicht mal hier, damit ich ihm die Leviten lesen kann!

Grummelnd ziehe ich mich in die Küche zurück und blättere in einem Gemüsekochbuch, um mich morgen mit einem schönen Steckrübenauflauf zu rächen. Also wirklich! Als ob ich ihn mit meinem Gemecker in die Arme des Kugelgrills getrieben hätte! Kann *ich* doch nichts dafür, dass er die Paprika so dämlich schnippelt, dass überall die Kerne rumfliegen. Und aufräumen muss man halt, das gehört nun mal zum Kochen dazu. Wenn er das schon als Meckern ansieht, also bitte, dann stimmt doch was nicht mit *ihm*! Und ich bin sicher, dass ich nicht die Einzige bin, die so denkt, grummle ich vor mich hin. Da kommt mir eine Idee. Ich rufe Britta an, die sympathische Frau von Marcel, und frage sie, ob sie mit mir eine Selbsthilfegruppe für grillgeplagte Ehefrauen gründen will. Sie lacht. »Aber natürlich«, sagt sie. Und ich erzähle ihr, was mein Mann über seine Gründe fürs exzessive Grillen gesagt hat, und sie findet das auch übertrieben. Wir lästern ein bisschen über Männer, die immer meinen, aufräumen wäre was für die anderen. Mit einer Leidensgenossin an der Strippe geht es mir schon viel besser.

»Aber ich finde, das Hobby hat was«, sagt Britta und fängt an zu schwärmen darüber, wie gut Marcel mittlerweile grillt und dass sie gestern Schwertfischsteaks mit Mangosalsa gegessen habe. »Und wenn dein Mann das auch irgendwann kann, dann wirst du sehen, seine Bemühungen haben sich gelohnt.«

Als ich auflege, denke ich, dass mein Mann schon auch recht hat. Dass ich vielleicht in der Küche ein klitzekleines bisschen rechthaberisch bin. Und dass sein Hobby irgendwo lehrreich ist für uns beide. Mein Mann lernt, Nahrung zuzubereiten, auf *seine* Art. Und *ich* lerne, ihn machen zu lassen, ohne mich einzumischen. Was man für ein Schwertfischsteak mit Mangosalsa nicht alles tut!

EIFERSUCHT IM WANDEL DER ZEIT

Mein Mann und seine neue Freundin, die Wetter-App

Wir Ehefrauen von heute müssen uns damit abfinden, dass der Konkurrenzkampf um die Männer größer geworden ist. Und zwar nicht wegen der Heerscharen an Praktikantinnen, die mit besenreißerfreien Beinen im Minirock durch die Arbeitsstätten unserer Männer scharwenzeln. Auch nicht durch die Massen geschiedener Frauen, die unbedingt die Es-gibt-nicht-nur-eine-große-Liebe-im-Leben-These mit Fakten unterfüttern wollen. Nein. Unsere Hauptkonkurrenz kommt digital daher und hört auf den hübschen Namen App.

Natürlich haben wir Frauen auch die eine oder andere Freundin namens App – zum Beispiel die WhatsApp. Aber das ist ja nun mal eine ziemlich sinnvolle Erfindung! Und wir wissen auch, wann wir unser Smartphone weglegen müssen, um uns von Angesicht zu Angesicht zu unterhalten. Mein Mann dagegen hängt an seinem Smartphone wie ein Lungenkranker an seiner Sauerstoffflasche. In der Grillsaison muss ich ihn besonders mit einer Konkurrentin teilen: der Wetter-App. Sie ist neuerdings zur wichtigsten Ratgeberin meines Mannes aufgestiegen. Wobei er sich natürlich nicht mit *einer* begnügt! Von Monogamie hält mein Mann in digitalen Dingen offensichtlich nichts – nein, *vier* Wetter-Apps müssen es sein. Im Minutentakt glotzt er auf sein Smartphone. Ich komme mir schon vor, als wäre ich mit Sven Plöger verheiratet, so genau bin ich über die derzeitige Regenwahrscheinlichkeit, den Bewölkungszustand, die Windgeschwindigkeit und Unwetterwarnungen informiert.

»Derzeit keine Unwetterwarnung«, sagt mein Mann zum Beispiel gerne, egal ob an dem Tag auch nur ein Wölkchen zu sehen ist. Oder: »Am Wochenende müssen wir zwischen mittags und siebzehn Uhr grillen, danach steigt das Regenrisiko stark an.«

Wenn es an einem Tag bei uns nieselt, hält mich mein Mann auf dem Laufenden, wo wir jetzt ohne Weiteres grillen könnten (Biarritz, 24 Grad, strahlende Sonne), oder er lamentiert über den Umstand, dass wir nicht auf den Kanaren wohnen, den Inseln des ewigen Frühlings, weil man dort an dreihundertvierunddreißig Tagen im Jahr grillen könnte, ohne auch nur einen einzigen Regentropfen befürchten zu müssen. Aber gerade als ich denke, ich komme am Wochenende wegen schlechten Wetters ums Grillen herum, legt mein Mann auf einmal das Smartphone weg und verkündet: »Ach, diese Wettervorhersagen stimmen doch sowieso nicht. Und selbst *wenn*! Wir sorgen schon dafür, dass es bei uns im Garten stellenweise heiß wird.«

Ich ertappe mich dabei, dass ich auf den Kalender schaue und überlege, wie lange die Grillsaison eigentlich noch geht und wann endlich Schluss ist mit dem Unfug.

SOS
AUS DEM GARTEN

Die Tücken
moderner Kommunikation

Es ist mal wieder Samstag. Der selbst ernannte Grillmeister (mein Mann natürlich) hat zum Barbecue geladen (mit meinem Einverständnis natürlich). Durch das Küchenfenster sehe ich unsere Gäste im Anmarsch, die befreundeten Kleinmanns mit ihren drei Jungs und die Nachbarin von gegenüber mit ihrer Tochter Chiara-Luisa. Mist. Wie immer vor dem Eintreffen der Gäste ist bei uns ein mysteriöser Zeitbeschleuniger am Werk. Eben noch denke ich, die Vorbereitungen laufen diesmal wirklich gut, und ich kann entspannt die Gäste empfangen. Aber dann wird es doch wieder stressig, und Teller und Gläser stehen in der Küche anstatt draußen, der Kartoffelsalat ist nicht abgeschmeckt und die Kräuterbutter noch nicht geknetet. Wobei ich mich nicht zum ersten Mal frage, warum ich immer wieder vergesse, die Butter früh genug rauszunehmen, damit sie Zimmertemperatur bekommt. Aber darauf gibt es genauso wenig eine befriedigende Antwort wie auf die Frage: »Wie lange ist die Remoulade eigentlich schon auf?« und »Wo zum Teufel steckt eigentlich schon wieder mein Mann?«

Das letzte Mal, als ich ihn gesehen habe, hat er den Anzündkamin bestückt. Mit dem Salatlöffel in der Hand flitze ich zur Terrassentür. Da lümmelt er im Liegestuhl und beobachtet die Rauchzeichen, die der AZK in den Himmel sendet.

»Die Gäste sind da«, rufe ich ihm zu und eile zurück in die Küche, um mir wenigstens die Hände zu waschen, bevor ich zur Begrüßung schreite.

Großes Hallo, kommt doch rein, ja, einfach durch in den Garten, mein Mann ist schon hinten. Wie sich nämlich herausstellt, hat die Information »Die Gäste sind da« bei ihm zu keinerlei messbaren Reaktion geführt. Immerhin steht er aus dem Liegestuhl auf, als der Besuch in den Garten stürmt. Mit wichtiger Miene schüttet er nach der Begrüßung die glühenden Kohlen in den Grill und fängt an, mit Werner Kleinmann zu fachsimpeln. Nini Kleinmann und unsere Nachbarin Silke betätigen sich als Kinder-Animateurinnen, ich gehe wieder rein, um die Salate (und den Rest) fertig zu machen. Und zu hoffen, dass mein Mann von selbst merkt, dass noch einiges rausgeschleppt werden muss.

Vergeblich.

Gerade habe ich genau die richtige Gewürzmischung im Kartoffelsalat und gehe an die Kräuterbutter, da summt mein Handy. Sie haben eine Textnachricht, vermeldet es. Erst will ich sie ignorieren, doch dann sehe ich den Absender: mein Mann. Eine Nachricht aus dem Garten also. Na gut, denke ich, das muss ja dann was Dringendes sein.

Wo sind die Würstchen?, fragt er.

Ich stutze. Die sind im Kühlschrank. Wie er eigentlich wissen müsste. Weil er sie selbst reingestellt hat. Und weil es in unserem Haus auch keinen anderen Ort gibt, an dem wir Würstchen aufbewahren. Ich meine, im Schuhschrank waren sie jedenfalls noch nie. Oder auf dem Bücherregal. Ich bin geneigt, ihm eine unsachliche Antwort zu schreiben, habe aber Knoblauch an den Fingern kleben, den ich für die Kräuterbutter gepresst habe. Und noch während ich blöde Kommentare vor mich hinmurmele, die ich ihm gerne an den Kopf knallen würde, dämmert mir, was die eigentliche Nachricht seines Textes ist. Nämlich: *Bring mir die Würstchen.*

Na gut, denke ich seufzend, ich muss ja sowieso raus. Ich wasche mir also den Knoblauch von der Hand, klemme mir die Würstchen unter den Arm und bringe sie samt Kartoffelsalat und Besteck in den Garten. Da steht mein Mann in aller Seelenruhe und quatscht mit Werner und Nini Kleinmann, das Bier lässig in der Hand. Nachbarin Silke schaukelt ihre Chiara-Luisa und Töchterchen in der Hängematte an. Die Jungs der Kleinmanns spielen mit Sohnemann in der Ecke des Gartens Fußball. Die arme Hortensie. Als mein Mann mich wahrnimmt, wirft er einen Chefblick auf das Deckelthermometer. Ich stelle die Würstchen auf den Beistelltisch. »Wir brauchen noch einen großen Löffel und ein Brettchen«, informiert er mich. Ich also wieder rein, Kräuterbutter, großer Löffel, Brettchen holen. Kaum bin ich bepackt, summt mein Handy erneut. Eine weitere Textnachricht. **Sollen die Kinder von dem guten Geschirr essen?**

Ich denke an die Kleinmann'sche Testosteronbande und Chiara-Luisas Fahrversuche mit dem neuen Rad, die mit erstaunlicher Regelmäßigkeit in unseren Blumenrabatten enden, weil das Kind gerne vergisst, wozu der Lenker da ist. Ich entscheide mich für Nein. Also lege ich Kräuterbutter, großen Löffel und Brettchen ab und eile in den Keller, um die Pappteller zu holen. Wieder in der Küche: Eingang einer neuen Nachricht. Salz und Pfeffer wird verlangt. Von wem? Vom Chef natürlich. Ich wieder raus, mit all dem Kram. Mein Mann beobachtet grenzenlos entspannt die Kinder bei ihren Kletterversuchen am Birnbaum. Er sieht mich und fragt: »Sollten auf den Rucola-Salat nicht auch noch Pinienkerne?« Zu Werner sagt er: »Das ist das einzig Leckere an dem ganzen Grünzeug!« Beifallsgrunzen vom starken Geschlecht zwischen zwei Schlucken aus der Bierflasche. Ich unterdrücke einen bösen Kommentar und gehe wieder rein, die Pinienkerne anrösten. Kaum liegen sie in der Pfanne, der nächste digitale Befehl aus der Kommandozentrale im Garten: **Das Bier ist alle.** Jetzt reicht es mir! Wutentbrannt schreibe ich zurück: **Geh es dir holen!**

Seine Antwort, drei Sekunden später: **Ich kann hier doch nicht weg! Die Würstchen für die Kinder verkokeln sonst.**

Verdammt! Verdammt! Verdammt! Ich also schnell in den Keller, Bier geholt. Als ich in die Küche zurückkomme, empfängt mich der Geruch nach Angebranntem. Das darf doch nicht wahr sein! Die Pinienkerne! Jeder weiß, dass man Pinienkerne beim Anrösten nicht eine Sekunde aus dem Auge lassen darf. Genervt starre ich auf die rauchende Pfanne. Es wird wirklich Zeit, dass mein Mann und ich über die Aufgabenteilung beim Grillen ein ernstes Wörtchen reden. Doch erst einmal geht es um die Verköstigung der Gäste. Die futtern Brot und Kräuterbutter und Kartoffelsalat und preisen begeistert das, was mein Mann gezaubert hat. Stolz nimmt er das Lob für die Würstchen und die Lammkoteletts entgegen, während ich die abgefressenen Teller wegräume und neues Wasser hole.

Und dann später, als die Gäste von Mücken und Abendfeuchte vertrieben wurden und ich die müden Füße endlich hochlegen kann, sagt mein Mann zu mir: »Grillen ist doch wirklich toll. So entspannt!«

Ich starre ihn an. Das erinnert mich fatal an die Zeiten, als er unseren Bekannten stolz erzählte, dass Töchterchen schon durchschlafe. Dabei war nur *er* es, der nachts selig geschlummert hat. Und jetzt an diesem Samstagabend fragt er mich allen Ernstes: »Und bist du nicht auch froh, dass du mal nicht so viel Arbeit mit Kochen hattest?«

Ich atme dreimal tief durch. Dann sage ich: »Ja, das stimmt. Du hattest ja all die Arbeit am Grill.« Und dann schiebe ich listig hinterher: »Deswegen machen wir es beim nächsten Mal einfach umgekehrt. Ich grille, und du kümmerst dich um die Beilagen, okay?«

Sein Gesichtsausdruck entgleist. »Aber…«

Zufrieden lehne ich mich zurück und beobachte, wie es in ihm arbeitet. Hach ja. Es geht doch nichts über ein bisschen perfide Taktik, wenn man seinen Ehemann zu etwas bringen möchte, auf das er freiwillig niemals kommen würde. Doch zu meiner Überraschung nickt er schließlich und sagt: »Kein Problem. Mache ich.« Um dann seelenruhig hinzuzufügen: »Das Einzige, was wir an Beilagen wirklich brauchen, ist ja Ketchup und Senf. Das ganze Karnickelfutter kann man sich sowieso sparen.«

Einkaufen

Kidneybohnen
Räuchertofu
Halloumi
Cheddar
Kartoffeln

Ich dachte, wir
wollten grillen?

RAN AN DIE BOHNENBULETTEN!

Frauen am Rost und andere seltsame Phänomene

Neulich stritten wir in geselliger Runde über die Frauenquote. Wir Frauen waren uns uneins. Während Cora sich vehement dafür einsetzte, weil »eine weibliche Note in der Chefetage die Firmen voranbringe«, zeigte ich mich unentschlossen. »Wer wirklich Karriere machen möchte, schafft das auch ohne offizielle Quote«, argumentierte ich, und weil Cora genervt mit den Augen rollte und was von »Du als Autorin hast ja keine Ahnung, was in der Geschäftswelt los ist« murmelte, setzte ich ein entschlossenes »*vielleicht*« dahinter. Die Männer zeigten sich strikt dagegen, bis auf Horst, aber der ist Veganer, der darf das. Weil er sein Geschlecht mit seinem tierisch tierfreien Schwachsinn sowieso schon verraten hat, wie sein Partner Rainer polterte. Man kann sich vorstellen, dass der Streit in die nächste Runde ging. Das Thema »Fleisch und Männlichkeit« beschäftigte uns jedenfalls eine Weile, bis Cora schrie: »An der männlichen Fleischgier geht die Welt zugrunde! Das einzig Gute daran ist nur, dass ihr alle frühzeitig mit Herzinfarkt ins Gras beißt.«

Ganz kurz hielten alle die Luft an, während die dunkle Prophezeiung durch den Raum waberte. Bis Rainer erwiderte: »Ich beiß nicht in *Gras*, Schätzchen. Höchstens in ein saftiges Weidelamm!« Die Männer prusteten los. »Als ob der Tod einen Vegetarier aus mir machen könnte!«, jubelte Rainer kämpferisch. Zustimmendes Gejohle von den Männern, überlegenes stilles Lächeln von Horst, verzweifelte Blicke von Cora, mit denen sie versuchte, meine Solidarität in dieser Sache zu erzwingen, was ihr nicht wirklich gelang, weil es in meinem Kopf wild durcheinanderging. Sie hat ja recht, dachte ich. Das ganze Fleisch belastet die Umwelt und die Gesundheit, aber dafür schmeckt es gut und ist das Hobby meines Mannes. Was sollen wir nur tun? Wir stecken in einer totalen Zwickmühle!

»Die Lösung ist doch ganz einfach«, sagte mein Mann auf der Rückfahrt. »Weniger Fleisch, aber dafür beste Qualität.«

Ich war erleichtert, dass er meine Welt so schnell wieder geraderückte. Ökologisches Gewissen beruhigt, keine Sorgen um die Gesundheit meines Mannes und noch leckereres Essen. Damit kann ich gut leben.

Um es nicht bei reiner Gewissensberuhigung durch gute Vorsätze zu belassen, werde ich bei der nächsten Grilleinladung beweisen, dass es auch anders geht. Ökologisch-gesundheitlich einwandfrei und trotzdem lecker. Sozusagen die weibliche Note am Grill. Denn es ist ja beschlossene Sache, dass ich dieses Mal den Dienst am Rost übernehme, damit mein Mann endlich mal kapiert, dass das der leichte Part ist, im Vergleich zu dem Beilagen-Besteck-Getränke-Servietten-Gläser-Teller-Gewürze-Dienst.

In Vorbereitung auf den nächsten Besuch von Cora, Rainer und Horst schnappe ich mir also die Grillbibel und finde interessante fleischlose Varianten. Tofu-Steaks. Gefüllte Chilis. Im Internet entdecke ich noch gut klingende Rezepte von diesem veganen Posterboy Attila Hildmann.

Ofenkartoffeln mit Kräutercreme. Buletten aus Kidneybohnen. Ich mache mir eine Liste, die sich sehen lassen kann. Ein bisschen gutes Fleisch kaufe ich auch, aber damit jeder sofort merkt, dass bei uns mit der ökologischen Verantwortung nicht gespaßt wird, stecke ich Fleisch zusammen mit Gemüse auf Schaschlikspieße. So kann sich keiner drücken! Ein paar Spieße mache ich auch ganz vegetarisch und ersetze das Fleisch durch Halloumi. Dann fülle ich Chilis mit Cheddar, koche eine Tomatensalsa dazu und mariniere die Tofu-Steaks. Eine bunte Auswahl mit sekundären Pflanzenstoffen und dem ganzen anderen Kram, der so gesund ist. Ich bin ziemlich stolz auf mich. Was man nicht alles schafft, wenn man einen Tag in der Küche steht! Plötzlich fragt mein Mann vom Sofa aus: »Hast du den Grill schon angemacht?«

»Was? Nein!«, rufe ich hektisch und lasse die Bohnenbulette, die ich gerade forme, fallen, flitze raus und zünde den AZK an. Flitze wieder rein. »Willst du nicht mal draußen den Tisch decken?«, frage ich.

»Mach ich gleich«, sagt er und blättert in aller Seelenruhe in seinem Magazin. Wie kann man nur so entspannt sein? Das stresst mich ja gleich immer doppelt, wenn er so relaxt ist, weil ich mir dann auch noch Gedanken um die Erledigung *seiner* Aufgabe mache. Wobei – wenn ich es mir recht überlege, habe ich die ja eh schon erledigt, zumindest, was die Beilagen angeht. Weil die Beilagen heute ja gleichzeitig auch Hauptspeise sind. Aber egal. Das ist eben mein Beitrag, um zu beweisen, dass beides geht: gesund *und* lecker grillen. Was nur leider absolut nicht funktioniert, ist, dass ich wenig Arbeit habe. Und bei der achten veganen Frikadelle, die mir an den Fingern klebt, überfallen mich beim Blick auf die Uhr plötzlich doch Zweifel an meinem Verstand. Ich meine, wieso war ich noch mal auf die dämliche Idee gekommen, Buletten aus *Bohnen* zu machen? Warum habe ich nicht einfach noch ein Kilo Rostbratwürstchen gekauft? Ach ja. Weil ich ja die Erde und meinen Mann vor dem Untergang retten will, Halleluja. Und wenn ich jetzt noch die Kartoffel-Räuchertofu-Päckchen fertigkriege, lasse ich mir einen Heiligenschein wachsen.

Mein Mann kommt rein. »Wo ist denn das Grillfleisch?«, fragt er neugierig.

»Da«, sage ich und zeige auf die Spieße.

»Wo?«

»Na da.«

Er beugt sich näher über das Schaschlik. »Ach, da ist auch Fleisch dazwischen.« Er sieht sich verwirrt um. »Und der Rest?«

Ich deute auf meine bunten Platten und wische mir die Stirn.

»Was ist das?«, fragt er verwirrt.

»Das grillen wir heute«, sage ich stolz.

»*Das*?«, wiederholt er verwundert. »Was ist das? Esoterik auf Toast?«

»Ha. Ha.«

»Im Ernst. Was soll das sein?«

Ich erkläre ihm stolz meine unheimlich gesunde und leckere Auswahl und füge – für den Fall, dass er es vergessen haben sollte – hinzu: »Wir haben doch ausgemacht, dass wir weniger Fleisch kaufen wollen und dafür mehr Gemüse essen.«

»Wann habe ich denn gesagt, dass wir dafür mehr Gemüse essen?«

»Na, wenn man weniger Fleisch isst, isst man automatisch mehr Gemüse, ist doch logisch.«

Er starrt mich an, als wäre ich gerade vom Mars gefallen. »Für Frauen ist das vielleicht logisch«, sagt er dann. »Wenn Männer weniger Fleisch essen, essen sie eben mehr Pasta. Oder Pizza. Oder meinetwegen *Hähnchen*!«

Ich will mich gerade aufplustern, um ihm eine Standpauke samt Einführung in den Aufbau der Ernährungspyramide zu halten, da grinst er und verkündet: »Was soll's. Essen wir halt heute seltsame Sachen. Wie sagt man immer so schön: Eine Frau am Grill macht, was sie will.«

In dem Moment klingelt es, und Caro und Rainer und Horst samt Hund Küken stehen vor der Tür. Die Kinder stürzen sich natürlich auf Küken, dessen Ankunft sie kaum erwarten konnten, und schleppen ihn mit nach draußen. Apropos schleppen. Mein Mann ruft: »Packt doch bitte alle gerade mal mit an.« Er drückt jedem was in die Hand, Teller, Besteck, Gläser, während ich zurück in die Küche wiesele, um meine Kartoffelpäckchen fertig zu machen und mich zu ärgern. Und meinen Mann auch ein bisschen zu bewundern (klammheimlich natürlich) für seinen cleveren Einfall. Meine erste Lektion in Sachen männlicher und weiblicher Führungsstil habe ich jedenfalls heute schon gelernt: Männer sind Delegierkünstler und Frauen fleißige Bienchen, die es allen recht machen wollen. Wobei sich die Frage aufdrängt, wieso um alles in der Welt ich gedacht habe, ich könnte es meinen Gästen mit meinem *gesunden* Grillnachmittag recht machen? Horst grinst zwar erst wie ein Agavendicksaftkuchenpferd, aber dann fällt ihm (und *mir*!) auf, dass in vielen Gerichten Käse drin ist, und sein zufriedenes Lächeln wird dünner. »Immerhin die Buletten und den Tofu kann ich essen«, zieht er sein Fazit.

»Ja«, sage ich und beiße mir auf die Lippen, damit ich nicht aus Versehen gestehe, dass in den Bohnenbuletten ein Ei drin ist, weil ich dieses komische Johannisbrotkern-mehl nicht hatte. Und dass auf den Tofu-Steaks ein biss-chen Honig ist anstatt Vollrohrzucker. Ich hoffe wirklich, er schmeckt es nicht und kommt auch nicht auf den Ge-danken, nachzufragen, denn dann müsste ich ihm glatt ins Gesicht lügen. Verdammte Veganer, was für kompliziertes Völkchen!

Rainer schaut erwartungsgemäß störrisch über das vita-minstrotzende Angebot und wirft meinem Mann einen fragenden Blick zu. Der zuckt mit den Schultern und sagt: »Das ist viel gesünder, mein Freund. Auch für dich.«

»Was soll's«, sagt Rainer und deutet auf Küken, der mit den Kindern rumtobt. »Wenn's nicht schmeckt, grillen wir halt den Hund.«

»Du bist so ein Arsch, Wegmann, weißt du das?«, sagt Horst.

»Was immer du sagst, Hütter«, entgegnet Rainer grim-mig lächelnd.

Nur Cora ist zufrieden. »Da hat sich endlich mal der ge-sunde Menschenverstand durchgesetzt«, sagt sie. »So ist das eben, wenn Frauen am Ruder sind.«

»Ja«, sage ich. Ich kann ein bisschen moralische Unterstüt-zung gebrauchen, wo ich doch erhebliche Zweifel an meiner frauentypischen Fleißiges-Bienchen-Mentalität habe. Und jetzt muss das Ganze auch noch gegrillt werden! Was lei-der auch viel schwerer ist, als es aussieht. Ich habe mir extra Aluschalen besorgt (ich *weiß*! Dickes Minus in Sachen öko-logisches Vorbild!), aber trotzdem verkokelt das Zeug, weil der Grill doch zu heiß ist. Beim Versuch, die Kohle anders anzuordnen, verbrenne ich mir die Pfoten. Und ich schwitze natürlich wegen dieser verdammten Gluthitze. Die Tofu-Steaks bleiben auf den Grillschalen kleben und zerfleddern, die Paprika auf den Schaschlikspießen hat unschöne schwarze Ränder. Mein Mann deklariert jegliche verbrannte Stellen ja immer vollmundig als »Röstaromen«, aber mir ist das peinlich. Ich meine, Chef zu sein ist eine feine Sache. Aber nur solange man nicht die Verantwortung übernehmen muss.

»Warte, ich kratze es ab«, biete ich Cora matt an, als sie sich einen vegetarischen Schaschlikspieß holt. Die Kinder schauen verwirrt auf den Rost und suchen die Würstchen. Ich gebe ihnen Fleisch-Gemüse-Spieße. Ihre Begeisterung hält sich in Grenzen. »Muss ich das mitessen?«, fragt Töchterchen und zeigt auf die Zucchinistücke. »Was du nicht magst, lässt du halt liegen«, seufze ich.

Horst kaut auf den Bohnenbuletten rum, und ich hoffe abermals inständig, dass er nicht hinter meine Eier-Finte kommt und mich wegen betrügerischen Unterjubelns von Tierprodukten verhaften lässt. Rainer, mein Mann und die Kinder rühren das ganze Gemüsezeug nicht an, spachteln aber die Fleisch-Spieße weg wie nichts. Ich sehe mich schon drei Tage vegetarische Reste fressen.

»Hier, nehmt! Ist super gesund!« Ich komme mir vor wie ein Marktschreier. Rainer nähert sich mit seinem Teller dem Grill. Fleisch gibt es keines mehr. »Nach einem Rezept von Attila Hildmann!«, bewerbe ich die Bohnenbuletten in einem letzten halbherzigen Versuch.

»Ist das dieser Veganer?«, fragt Rainer mürrisch.

»Ach was«, sage ich. »Der ist kein richtiger Veganer, der fährt Porsche.«

»Dann hat er offensichtlich wenigstens in einer Hinsicht guten Geschmack«, sagt Rainer. »Na gut. Gib mir davon mal eins.« Ich reiche ihm erfreut eine Bohnenbulette. Horst und ich sind die Einzigen, die die Tofu-Steaks essen, obwohl sie viel weniger fad sind als befürchtet. Aber überraschenderweise bekomme ich dann plötzlich doch Lob. Sohnemann schmecken die Kartoffel-Päckchen, Töchterchen hat immerhin ein Stück Zucchini mitgegessen, Cora ist sowieso zufrieden – und überhaupt sind auf einmal alle ganz friedlich. Sogar Rainer und Horst halten Händchen. »Siehst du«, sagt Horst. »Ein bisschen weniger Fleisch, und schon bist du nicht mehr so aggressiv.«

»Das ändert sich gleich, wenn du so weitermachst«, droht er, lächelt Horst aber verliebt an. Ich sacke in meinen Stuhl und merke jetzt erst, dass mir richtig die Füße wehtun. Was für ein Stress! Wieder geschuftet wie blöd für ein bisschen Erfolg. Dabei wollte ich nur, dass mein Mann endlich mal versteht, wie anstrengend es ist, sich um alles zu kümmern. Ich wollte am Grill stehen und mit den Gästen plaudern und ab und zu eine Wurst umdrehen. Wieso habe ich das nicht gemacht? Was stimmt mit uns Frauen nicht? (Ich sage jetzt mal *uns Frauen*, weil es sich eindeutig besser anhört als: Was stimmt nicht mit *mir*?)

»Das nächste Mal kaufe ich auch nur Würstchen und haue sie auf den Grill«, sage ich grimmig zu meinem Mann, als die Gäste weg sind.

»Nein«, ruft mein Mann. »Das wäre aber schade. Das war wirklich lecker, was du gemacht hast. Sogar der Tofu hat geschmeckt.«

»Du hast meinen Tofu probiert?«

»Natürlich habe ich das. Wenn meine Frau Tofu-Steaks macht, esse ich Tofu-Steaks. Und die Bohnenbuletten waren auch sehr gut. Davon hätte ich gerne das Rezept.«

»Echt jetzt?«

Er nickt ernsthaft. »Ich meine, vielleicht kann man statt der Kidneybohnen auch Hackfleisch nehmen.«

Ich werfe ein Kissen nach ihm.

Er lacht. »War doch nur ein Spaß. Hast du wirklich toll gemacht. Kannst du demnächst gerne wieder machen.«

»Ach, weißt du«, sage ich. »Ich glaube, der Job am Grill ist gar nicht so meins.« Aber es ist gut zu wissen, dass ich ihn machen *könnte*, wenn ich nur wollte.

EINKAUFEN

Mascarpone
getrocknete Steinpilze
Kalbskoteletts
Würstchen
Marshmallows

– Jaaaa!! 1000 Kilo!!!
und Schokoküsse!!!

~~Zutaten für Nudelsalat~~

ich mach keinen
Nudelsalat!

HÄTTE, HÄTTE, BRATWURSTSCHNECKE

Das Grillfest von Kirsten und Frank

Nicht genug damit, dass wir selbst dauernd grillen – nein, wir werden natürlich auch noch bei anderen zum Grillen eingeladen.

Diesmal sind es unsere früheren Nachbarn Kirsten und Frank, die auf einer bombastischen Klappkarte zu ihrem »Großen Sommerfest« einladen. *Grillen, quatschen, den Sommer feiern*, steht auf der Vorderseite unter einem Weichzeichnerfoto des Paares, das mitsamt seiner drei Kinder in einer Gänseblümchenwiese hockt, enthusiastisch lächelnd, die Arme zum Himmel gereckt. Unter Datum und Zeit steht noch eine Zeile, die mir sofort ins Auge sticht:

Bitte eigenes Grillgut mitbringen! Und gerne auch einen Salat! Wir freuen uns auf euch! Gruß und Kuss — von Familie Baltus!

»Guck dir das an«, sage ich und zeige die Einladung meinem Mann. »Die haben ja wohl einen Sockenschuss, oder?«

Mein Mann schüttelt ebenfalls den Kopf. »Sollen wir vielleicht auch noch Getränke selbst mitbringen?«, fragt er verächtlich. Es ist keineswegs so, dass Familie Baltus am

Hungertuch nagt. Frank ist mittlerweile ein hohes Tier in einer Softwarefirma und Kirsten Kinderärztin. Meiner Meinung nach müssten sie also locker genug Geld haben, um eine Handvoll Freunde zu verköstigen. Aber weil mein Mann und ich grundsätzlich optimistische und verzeihende Menschen sind, lasse ich nicht zu, dass der Groll überhandnimmt. »Ich meine, das hat schon Vorteile«, argumentiere ich. »So können wir wirklich das essen, was uns schmeckt. Weißt du noch, als wir mal bei Kirsten und Frank eingeladen waren und es diesen Eintopf gab?« Eine grausame Bohnenpampe, die sie vollmundig *Cassoulet* nannten, die uns aber trotz etlicher Ramazotti noch am nächsten Tag schwer im Magen lag. »Stimmt«, sagt er grimmig. »Das hatte ich ganz verdrängt.«

»Das kann uns diesmal nicht passieren«, freue ich mich.

»Genau«, stimmt mein Mann zu. »Und wir werden denen zeigen, was ein schönes Stück Fleisch ist. Da werden die lange Zähne kriegen, wenn die sehen, was *wir* auf dem Teller haben!« Er reibt sich begeistert die Hände.

Als wir zu dem Sommerfest fahren, führen wir Rostbratwürstchen (Bio!) und Marshmallows für die Kinder mit (für *unsere* Kinder wohlgemerkt! Soll die Baltus-Brut selbst sehen, wo sie Marshmallows herkriegt!). Und für uns gibt's zwei sehr üppige Kalbskoteletts mit Steinpilzkruste und Kräuter-Mascarpone. Das hat mein Mann so entschieden. Ganz *allein*!!!

Als wir im Auto hinfahren, erläutert er mir genau sein planmäßiges Vorgehen. »Ich habe die Koteletts gewählt, weil man sie erstens gut vorbereiten und mitnehmen kann. Zweitens werden sie bei direkter mittlerer Hitze gegrillt, das ist die Temperatur, von der ich bei einem fremden Grill am ehesten ausgehe. Und drittens kann man die Kalbskoteletts zwischen all dem Schaschlik und den Bratwurstschnecken nachher zweifelsfrei identifizieren.«

Wenn ich nicht in einen Autositz geschnallt wäre, würde ich vermutlich umkippen. Ist das der Mann, der Mikrowellen-Popcorn einkauft, obwohl wir gar keine Mikrowelle haben? Der Mann, der mal versuchte, Spiegeleier in der Grillpfanne zu braten, weil er »die Rillen gar nicht bemerkt hat«? Ich betrachte neugierig sein schönes Profil. Irgendwas ist anders an ihm, seit er sich intensiv fürs Grillen interessiert. Und ich kann nicht sagen, dass es mir nicht gefällt.

Frank fängt uns in der Einfahrt ab und führt uns seltsamerweise nicht durchs Haus in den Garten, sondern durch seine riesige Garage. Den Grund dafür entdecken wir schnell: ein Oldtimer-Cabriolet, das er sich bei einer Auktion in den USA »geschossen« hat. »Für achtzig Riesen«, sagt Frank lässig. Mein Mann und ich werfen uns einen vielsagenden Blick zu. Dafür hätte er ruhig mal ein paar Steaks springen lassen können. Dieser Arsch.

»Super cool«, lobt mein Mann scheinheilig. »Dann zeig uns doch mal, wo der Grill ist, damit wir unsere Sachen auflegen können.«

»Hast du auch deinen berühmten Nudelsalat dabei?«, fragt Frank in meine Richtung.

»Sorry, das habe ich nicht mehr geschafft«, lüge ich, auch wenn ich ein bisschen geschmeichelt bin wegen des Kompliments.

»Was soll's!«, lacht Frank höhnisch. »Wir sind eh alle zu dick!« Und schon weiß ich wieder, warum ich ihn im Grunde nie leiden konnte. Ich meine, natürlich bin ich verzeihend und optimistisch, aber ich bin nicht *bescheuert*. Da er nämlich die Figur eines Torpfostens hat und mein Mann auch von der schlaksigen Sorte ist, bleibt mir gar nichts anderes übrig, als das als persönliche, auf mich gemünzte Beleidigung aufzufassen. Wenn ich gleich einen Schaschlikspieß in die Finger kriege, sollte er besser nicht in meiner Nähe stehen. Sonst bohre ich ihn in sein knochiges Sitzfleisch.

»Es gibt zwei Grills«, erklärt uns Frank. »Den Würstchengrill für die Kids. Und den Erwachsenengrill für die richtigen Sauereien!« Er deutet auf den Schwenkgrill am anderen Ende des Gartens und lacht herrenwitzig. »Kirsten-Mausi, sieh mal, wer da ist! Und sie haben auch keinen Salat dabei!«

»Oh«, macht Kirsten pikiert, die uns in einem weiten langen Kleid entgegenschwebt, eine Champagnerflöte in der Hand, und süßlich flötet: »Hallo, Schnuckis!« Bussi links, Bussi rechts und keine Anstalten, uns was zu trinken anzubieten. Sie deutet nur auf den Kühlschrank in der Garage. »Bedient euch, ja? Gläser müssten da auch irgendwo sein!« Schwupps, ist sie schon weitergeflattert.

»Ich besorge uns was zu trinken, du kümmerst dich um den Grill«, sage ich zu meinem Mann und fühle mich jetzt schon gestresst. Als Gast will man doch wenigstens ein bisschen verwöhnt werden. Und als ich weder Wein noch Sekt im Kühlschrank finde, ahne ich, das hier artet in Party-Nahkampf aus. Ich bringe meinem Mann ein Bier und den Kindern eine Limo und mache mich auf die Suche. »Frank, habt ihr auch Mädchengetränke?«, frage ich, als ich des Gastgebers habhaft werden kann.

»Im Kühlschrank!«, behauptet er, während er zur Garage eilt, um weiteren Gästen seine protzige Karre vorzuführen. Im Kühlschrank ganz sicher nicht. Das weiß ich zufällig. Ich beschließe, Kirstens Fährte aufzunehmen, die heiter lachend an ihrem Schaumwein nippt, während sie sich mit einer Frau in Bundfalten-Bermudashorts unterhält. »Kirsten, wo ist der Sekt?«, frage ich.

»Ist keiner mehr im Kühlschrank?«, fragt Kirsten zurück.

»Nein.«

»Frank wollte neuen holen«, sagt sie und will sich wieder ihrer Gesprächspartnerin zuwenden.

»Der ist in die Garage gegangen«, lasse ich nicht locker. »Sag mir einfach, wo er ist, dann gehe ich selbst.«

»Na«, lächelt Kirsten. »Du hast es aber nötig, was? Zittern die Hände schon?« Sie gackert, als wäre das irgendwie komisch. Was ist das hier? Die internationale Meisterschaft im *Gäste-Bashing*? Ich unterdrücke den Impuls, Kirsten ihr Glas aus der Hand zu schlagen und mich mit »Oh, das tut mir leid, aber wegen des Zitterns habe ich meine Hände nicht unter Kontrolle« rauszureden. (Habe ich wirklich jemals behauptet, ich wäre ein verzeihender und optimistischer Mensch?)

»Ich schicke Frank gleich zu dir, okay?«, sagt Kirsten und legt der Bermudashorts-Frau beruhigend die Hand auf den Arm. »Schnucki, ich kann dir sagen, wir haben genau *dieselben* Probleme mit unserem neuen Au-pair«, säuselt sie vertraulich, zum Zeichen, dass ich dieses intensive Gespräch nicht weiter stören darf. Langsam habe ich die Nase voll.

Die Kinder laufen mir über den Weg, die Münder ketchupverschmiert. Die Würstchen haben sie also schon verputzt. »Jetzt grillen wir Marshmallows«, verkünden sie. »Papa besorgt uns gerade Stöcke.«

»Und denkt dran«, mahne ich streng. »Ihr müsst hier *niemandem* was abgeben.«

Diese seltsame Handlungsanweisung, die im Gegensatz zu meinem üblichen Teilen-unter-Kindern-ist-gut-Prinzip steht, nehmen Sohnemann und Töchterchen mit ernsthaftem Nicken auf. Ich habe sie vorher schon gebrieft, dass bei dieser Feier jeder seines eigenes Glückes Koch ist. Nur das Problem mit dem Sekt ist noch ungelöst. Ich beschließe, den Kühlschrank in der Küche zu checken. Vielleicht haben sie ja auch den gemeint. Die Terrassentür ist zu, weswegen ich mich wie ein Eindringling fühle, als ich vom Trubel des Gartens in das Wohnzimmer gehe. Alles ist so ruhig, dass ich automatisch leiser gehe. Was mit meinen gartenpartytauglichen Sneakers super funktioniert. Perfekte Einbrecherschuhe. Ich schleiche also Richtung Küche, gehe um die Ecke. »Nanu«, entfährt es mir. Am Thekentisch sitzt ein mir unbekanntes Mädchen, das sich mit vollen Händen Gummibärchen in die Hamsterbacken stopft. Sie hält in der Bewegung ertappt inne, starrt mich mit traurigen Augen an und kaut dann langsam weiter. »Hallo«, sage ich fröhlich. »Kirsten schickt mich, ich soll nach Sekt gucken.«

Das Mädchen schluckt und nickt und sagt mit tiefer Stimme: »Ich heiße Nida.«

»Hi Nida«, sage ich mit an Hysterie grenzender Freundlichkeit. Das ist dann wohl das neue Au-pair-Mädchen, und sie hat mein ganzes Mitgefühl. Wenn man sich in dieser Familie schon als Partygast nicht willkommen fühlt, wie muss das dann für einen Hausgast aus einem fremden Land sein?

»Weißt du, wo der Sekt ist?«, frage ich.

Sie zögert. Dann sagt sie: »Ich heiße Nida. Räum die Spielsachen auf.«

»Ich gucke mal im Kühlschrank«, kommentiere ich sinnlos. Aber dort ist nur jede Menge Sahnejoghurt und Schokopudding. Mist. »Habt ihr noch irgendwo einen Kühlschrank? Im Keller zum Beispiel?«

Nida leert entschlossen die Gummibärchentüte. »Du

musst Zähne putzen«, schlägt sie vor und öffnet die Schranktür zum Süßigkeitenvorrat, um sich einen Schokoriegel rauszunehmen.

»Na gut. Dann bis später.«

Ich überlasse Nida ihrer Fressorgie und gehe wieder raus. Wo hat dieses Luder von Kirsten den Sekt versteckt? Ich beschließe, auf Spionage zu setzen und lasse Kirsten nicht aus den Augen, während ich so tue, als ob ich meinen Mann beim Grillen Beistand leiste. Auf dem Rost liegen tatsächlich etliche Bratwurstschnecken, Hähnchenspieße, irgendwelches mariniertes Bauchfleisch (sieht aus wie von der Tanke am Verteilerkreis ...) und dazwischen unsere schicken Kalbskoteletts. Frank schaut neugierig auf den Grill. »Ach, wenn alle ihre eigenen Sachen mitbringen, ist das eine richtige Wundertüte. Was hast du denn da Interessantes?«

Mein Mann erläutert stolz das Rezept für die Kalbskoteletts und klärt nebenbei Frank über sein neues Hobby Grillen auf. »Ohne Kugelgrill läuft bei uns gar nichts mehr«, sagt er.

»Tja, bei uns wird noch selbst geschwenkt«, lacht Frank und schlendert lässig einem neu ankommenden Gast entgegen.

Mein Mann sagt zu mir: »Bleib mal eben hier, ich geh mir noch ein Bier holen.«

Er entschwindet Richtung Kühlschrank. Ich halte Wache. Einer holt sich seine Bratwurstschnecken ab. Ich nicke ihm aufmunternd zu. Kurz darauf sehe ich, wie Kirsten zum Kindertisch geht, wo Limo und Cola und Saft stehen. Erst tut sie so, als würde sie sich mit zwei Mädchen unterhalten, dann greift sie schnell zwischen die Flaschen und holt dort den Sekt hervor! Sieh mal einer an! Erwischt! Da ist also ihr

Versteck! Ich also auf sie zugeschossen. »Ach, Kirsten, du hast ja den Sekt gefunden.«

»Ja, wie der hierhergekommen ist, möchte ich wirklich mal wissen«, sagt sie gespielt empört. »Du hast den aber nicht zwischen die Kindergetränke gestellt, oder?«

»Nein. *Wenn* ich eine Flasche gefunden hätte, hätte ich sie ganz bestimmt nicht wieder aus der Hand gegeben«, sage ich und lache überkandidelt. Sie fällt in mein Lachen ein, als hätte sie meinen Sarkasmus nicht bemerkt. Dann schenkt sie mein Glas voll und wendet sich schnell ab. Die Flasche nimmt sie mit. Ich starre ihr grimmig hinterher, um zu sehen, wo sie sie diesmal versteckt. Doch dann verliert sich ihre Spur zwischen den Gästen. Wenn wir nicht noch die Kalbskoteletts auf dem Grill hätten, würde ich sofort nach Hause fahren. »Also wirklich«, grolle ich, als ich zu meinem Mann zurückkehre, der nun wieder am Grill steht. »Wenn es einen Preis für schlechte Gastfreundschaft gäbe, Kirsten hätte ihn wirklich verdient.«

Mein Mann sagt nichts. Doch an seinem Gesicht erkenne ich sofort, dass was passiert sein muss.

»Was ist?«

Er deutet mit der Grillzange auf den Schwenkgrill. Da liegen noch eine Menge Bauchfleisch und ein einsamer Hähnchenspieß. »Sie sind weg!«, hauche ich.

Er nickt bedeutungsschwer. »Unsere Kalbskoteletts wurden gestohlen!«

»Das gibt es doch gar nicht!«, rufe ich fassungslos und lasse meinen Blick schweifen. Und als ich sehe, wer sich gerade über unser Fleisch hermacht, stoße ich meinen Mann entsetzt an. Es ist Frank! Er sitzt am Tisch und verspeist mit einem seiner Kumpel *unsere* Kalbskoteletts! Mein Mann ist mit drei Schritten bei ihm. »Hey, Frankieboy«, sagt er mit seiner beängstigend ruhigen Stimme, die er immer dann bekommt, wenn er wirklich zornig ist. »Schmeckt's?«

»Köstlich, Mann. Echt köstlich!«

»Ich weiß. Weil es *unsere* Koteletts waren.«

»Ach so?«, tut er unschuldig, stopft sich noch ein großes Stück in den Mund, und sagt kauend: »Ist doch egal. Da ist noch genug anderes auf dem Grill.«

»Aber das da war unser Fleisch«, wiederholt mein Mann.

»Wie du dich anhörst«, lacht Frank und äfft nach: »*Das war unser Fleisch.*« Er und sein dicker Kumpel lachen. »Mann, seit wann bist du denn so spießig geworden!«, ruft Frank. »Such dir halt das Filetstück vom Grill aus! Nimm, was du willst!« Er wedelt generös mit seiner Gabel in Richtung Schwenkgrill. Frank bemerkt nicht, wie sich die Miene meines Mannes verändert. Ich aber sehe es. Er bekommt diesen regungslosen Ausdruck, den ich bisher erst zweimal gesehen habe: Einmal, als ein Mann im Supermarkt mich mit »Geh aus dem Weg, du Schlampe« beleidigt hat. Und einmal, als ein anderer Mann seinen Schäferhund unangeleint auf unser dreijähriges Töchterchen zurennen ließ. Und ich weiß, es wäre fahrlässig, an diesem Punkt eine körperliche Attacke auszuschließen. Doch mein Mann sagt nur mit dieser kalten Stimme: »Alles klar, Frank. Machen wir.«

Erstaunt beobachte ich, wie mein Mann sich abwendet und sich ein wabbeliges Stück Bauchfleisch vom Grill nimmt.

»Das ist doch wohl das Allerletzte«, sage ich leise zu ihm, brodelnd vor Wut. »Die sollen mal abwarten, bis wir *sie* einladen! Ha! Da werde ich Sachen sagen wie: ›Nein, unsere Gästetoilette ist leider total verstopft, sucht euch doch draußen einen hübschen Busch!‹«

Mein Mann lacht, gelöst und angesichts der Situation ungewohnt heiter. Was mich sehr wundert, weil ich zumindest gute Lust habe, irgendwas kaputtzumachen. »Los«, sagt er. »Hol die Kinder, wir hauen ab!«

Sohnemann und Töchterchen sind gerade in einen Streit mit zwei von den Baltus-Kindern verwickelt, die natürlich auch Marshmallows haben wollen. »Ich habe schon fast alle abgegeben«, sagt Sohnemann erschöpft. »Das letzte esse ich.«

»Du bist so gemein«, heult das mittlere Baltus-Kind.

»Wisst ihr was?«, sage ich. »Eure Mama hat gesagt, ihr dürft aus dem Süßigkeitenschrank in der Küche essen, was ihr wollt.«

Die beiden Baltus-Kinder schauen mich mit Kulleraugen an.

»Und da ist auch jede Menge Schokopudding im Kühlschrank«, flöte ich. Da stürmen sie los, und wie es den Gesetzen des Herdentriebs entspricht, schließen sich etliche andere Kinder an. Ohne uns zu verabschieden, machen wir uns auf den Heimweg. Als wir im Auto sitzen, fällt mir was ein: »Was hast du eigentlich mit diesem fiesen Fleisch gemacht? Hast du das wirklich gegessen?«

Mein Mann lacht. »Natürlich nicht. Ich habe es *recycelt*. Im nächsten Leben wird es ein stinkender Fliegenköder.«

Und als er mir sagt, wo sich das Fleisch jetzt befindet, sauge ich erst erschrocken die Luft ein, dann pruste ich los. Und wenn ich sagen würde, ich hätte ein schlechtes Gewissen, würde ich lügen. Das Bauchfleisch liegt unter dem Beifahrersitz von Franks nagelneuem Cabriolet.

LANGE
GASLEITUNG

Lassen Sie Männer am Grill besser nicht unbeaufsichtigt!

Es gibt Momente in einer Ehe, da wird das Vertrauen in den Partner auf die Probe gestellt. Zum Beispiel, wenn man den Ehemann das erste Mal mit den Kindern ein ganzes Wochenende alleine lässt. Oder wenn der Ehemann mit der jungen Kollegin auf Dienstreise geht. Oder wenn er einen Gasgrill in Betrieb nimmt. In solchen Krisenzeiten zeigt es sich erst, ob man dem anderen *wirklich* hundertprozentig vertraut. Eine solche Prüfung hat das Schicksal offensichtlich heute für mich vorgesehen.

»Wir starten gleich eine super Vergrillung«, verkündet Sohnemann, als ich in die Küche komme.

»Was machen wir?«, frage ich irritiert.

»Wir starten eine super Vergrillung.«

»Wer sagt das?«

»Papa.«

»Und der hat das so gesagt: super Vergrillung?«

Sohnemann nickt und flitzt raus zu seinem Vater, der auf der Terrasse mit dem Gasgrill-Karton hantiert und unter gänsehautverursachendem Quietschen Styropor von Blechteilen trennt. »Ich bau endlich den Gasgrill auf«, sagt mein Mann und versucht, sich mit Hilfe der Bedienungsanleitung einen Überblick über die vielen Einzelteile zu verschaffen. »Und dann grillen wir.«

»Ich dachte, wir machen eine *super Vergrillung*«, sage ich spöttisch.

»In Fachkreisen nennt man das eben so. Bei Männern, die Ahnung von der Materie haben.« Er hält zwei Bleche nebeneinander und murmelt: »Nee, das ist die Fettschublade, nicht der Hitzeschild. Aber wo ist die Traverse?«

Ich beobachte ihn einen Moment bei dem Versuch, durch die Anleitung durchzusteigen, und muss an unseren furchtbaren Streit beim Zusammenbau des Fernsehschranks namens Liatorp denken. »Bist du sicher, dass du heute damit fertig wirst?«, frage ich vorsichtig. »Wir können das Fleisch auch in der Pfanne machen.«

»*Nein!*«, schreit er erschrocken. »Das habe ich gleich. Ist kein Problem.«

Das bezweifele ich zwar, behalte es aber lieber für mich. Männer, die mit einer mehrseitigen Bedienungsanleitung ringen, sollte man besser nicht provozieren. Unter die Rubrik »Provokation« fällt meiner Erfahrung nach übrigens auch, ihnen Hilfe anzubieten. Ich gehe also kommentarlos rein und mache Salat. Telefoniere mit meiner Schwester. Schaue mit den Kindern eine Folge *The Thundermans*. Linse immer mal wieder auf die Terrasse. Mein Mann kämpft mit den verschiedenen Teilen, die man halten und gleichzeitig verschrauben muss, den Schraubenzieher im Mund wie Häuptling Kombizange vom Stamm der Obi-Indianer. Ich gehe raus zu ihm. Er schwitzt. »Bin gleich so weit«, verspricht er und befestigt die Rollen auf der Unterseite. Dann löst er sie wieder und macht sie andersrum dran. Ich gehe wieder rein. Das kann noch dauern, so viel steht man fest. Die Kinder scharren in der Küche schon vor Hunger mit den Füßen. Ich schnippele ein bisschen Paprika und Gurke.

»Ich will Würstchen«, quengelt Töchterchen.

»Guck mal, wie weit Papa ist«, fordere ich Sohnemann auf.

Der kommt kurz darauf wieder mit der Meldung: »Papa montiert gerade die Türen dran.«

»Sieht es schon aus wie ein Grill?«

Sohnemann schüttelt den Kopf. Ich zücke die Pfanne und brate kurzerhand die Nürnberger Rostbratwürstchen für die Kinder. Ich überlege, ob wir die Guerilla-Braterei besser vertuschen sollten, aber das ist natürlich ein aussichtsloses Unterfangen, weil die Kinder sofort nach draußen drängen.

»Ich bringe Papa eins«, verkündet Töchterchen und trägt in jeder Hand zwei der fingergroßen Würstchen nach draußen. Mein Mann guckt zwar ein bisschen angesäuert, aber weil Töchterchen ihre Mitbringsel als Belohnung für seine harte Arbeit deklariert, lässt er zu, dass sie ihm die Wurst in den Mund schiebt.

»Möchtest du Ketchup dazu?«, fragt Sohnemann und zückt die Flasche. Mein Mann nickt kauend, und Sohnemann spritzt ihm kichernd einen Schuss Ketchup in den Mund.

»Ich will auch mal«, ruft Töchterchen, und eine Weile sind die beiden mit der Wurst-Ketchup-Fütterung meines Mannes beschäftigt. Ich nehme mir auch schon mal eines der Würstchen, um den ersten Hunger zu stillen, und reiche meinem Mann zur weiteren Besänftigung ein Bier. Derart gestärkt schafft er es, den Grill tatsächlich korrekt zusammenzusetzen (und ich, auf diesen Moment zu warten, ohne vor Hunger einen Streit anzufangen). Immerhin – der Grill sieht schick aus, so in seinem Gewand aus gebürstetem Edelstahl.

Mein Mann ist auch zufrieden. »So«, sagt er. »Dann wollen wir die Höllenmaschine mal anschließen.« Er verschwindet in der Garage und kommt mit einer grauen Gasflasche wieder, und auf einmal denke ich: verdammt! *Gas!* Wenn man da was falsch macht, kann das doch explodieren! »Hol schon mal die Koteletts«, verkündet er, stellt die Gasflasche unter den Grill, hält den Schlauch an das Ventil und schraubt es fest.

»Bist du sicher, dass das so korrekt ist?«, frage ich argwöhnisch.

»Na klar«, behauptet er.

»Und da kann auch nichts passieren?«

»Nein. Das ist absolut sicher.« Er schraubt noch mal und prüft den Schlauch, dann sagt er: »Dann wollen wir mal zünden!«

»Moment«, rufe ich alarmiert. Ich habe in der Betriebsanleitung gleich am Anfang folgende Warnung entdeckt: *Brand- und Explosionsgefahr.* »Äh«, sage ich. »Da steht aber, dass das schon explodieren kann.«

»Iwo.« Mein Mann wischt sich die Hände ab und steht auf. »Tadaaa! Ich präsentiere … mein neues Sportgerät!« Er macht sich an den Reglern zu schaffen.

»Sowohl beim *Anschluss* besteht Brand- und Explosionsgefahr als auch beim *Betrieb* sowie bei der *Wartung* des Grills!«, stammele ich entsetzt. »Du meine Güte, das ist ja lebensgefährlich!«

»Die müssen das schreiben«, beruhigt mich mein Mann. »Um sich abzusichern. Das ist wie mit Risiken und Nebenwirkungen von Medikamenten. Da stehen auch immer schauerliche Sachen drin, aber es passiert so gut wie nie was.«

»So gut wie nie«, wiederhole ich ängstlich.

»Oder hattest du nach einem Aspirin schon mal Magenbluten?«

»Nein, aber …« Ich schnuppere. »Riecht es hier nach Gas?«

Mein Mann bläht die Nasenflügel und macht »Hm«. Dann beugt er sich über die Gasflasche. Dreht noch mal ein bisschen am Regler. Schraubt ihn ab und wieder dran. Legt sein Ohr an das Ventil, schnüffelt noch mal wie ein Hund, der einen Knochen gerochen hat, und nickt zufrieden.

»Das war undicht, oder?«

»Nur ein bisschen«, gibt er zu. »Nicht der Rede wert.«

»Nicht der Rede wert?«, frage ich entsetzt. Mir gefällt das Ganze nicht. Was, wenn er uns die Bude abfackelt? Ich meine, gut, wir sind auf der Terrasse, aber *trotzdem*! Mir ist das absolut nicht geheuer. Und dann sagt mein Mann auf einmal, als hätte er einen Geistesblitz: »Hol mir doch bitte mal das Spüli.«

Ich reagiere nicht sofort, weil ich gerade in der Betriebsanleitung die Warnung entdeckt habe, dass das Gerät nicht von Personen mit eingeschränkten Fähigkeiten benutzt werden darf. Erschrocken schaue ich auf meinen Mann, der erstens noch nie sonderlich handwerklich begabt war und zweitens extrem gelassen ist. Und ein Bier hat er auch getrunken! Gilt das schon als *eingeschränkte Fähigkeit*? Und jetzt fragt er nach Spüli! Ich meine, was will er denn damit? Seifenblasen machen?

»Wäre ein Feuerlöscher nicht besser?«, frage ich.

Er seufzt und sieht mich tadelnd an. »Mit dem Spüli kontrolliere ich, ob der Anschluss dicht ist«, erklärt er.

»Ich habe Angst«, gebe ich zu.

»Brauchst du nicht.« Dann schmiert er etwas Spülmittel auf die Ventile und schaut mit gewichtiger Miene, als ob er gerade die TÜV-Ehrenmitgliedschaft erworben hätte. »Passt, sitzt, wackelt und hat Luft«, sagt er dann. »So, der erste Test!« Er drückt auf die Zündung. Es knackt.

»Kinder, geht zurück«, warne ich und schiebe mich und meinen Nachwuchs weiter nach hinten. Doch dann Entwarnung: »Läuft!«, ruft mein Mann begeistert. Vorsichtig nähere ich mich. »Man sieht ja gar keine Flamme«, sage ich.

»Ist aber an«, entgegnet er. »Siehst du. Es brennt blau. So soll es sein. Los, Schatz, die Koteletts.«

Als er das Fleisch auf den Rost legt, zischt gar nichts. Er klappt den Deckel runter. Dann schaut er auf das Thermometer. »Aber das ist ja noch gar nicht richtig heiß! Die haben doch gesagt, dass er sofort einsatzbereit ist«, stammelt er richtiggehend entsetzt.

»Vielleicht ist das nur beim ersten Mal so«, schlage ich vor. Zack, hat er sich sein Handy geschnappt und ein bisschen im Netz recherchiert. »Das ist nicht nur beim ersten Mal so«, stellt er sogleich angesäuert fest. »Eine Aufwärmphase braucht auch der Gasgrill. Also echt. In der Zeit hätte ich den Anzündkamin ja schon locker zum Glühen gebracht«, mault er.

Ich meine, natürlich könnte ich ihm jetzt meine Meinung über den Kauf zweier Grills sagen, aber er hat sich so angestrengt beim Aufbau und sich so darauf gefreut, da möchte ich jetzt, dass er auch zufrieden ist. »Dafür stinkt der Gasgrill nicht«, beruhige ich ihn. »Herr Lubitz hat noch nicht einmal gemeckert.«

»Das stimmt natürlich.«

»Und wenn du dich erst mal dran gewöhnt hast, dann klappt das bestimmt super.«

Er sieht immer noch bockig aus.

»Und du musst nicht mit Kohle hantieren«, sage ich.

»Stimmt. Man muss nicht mit Kohle hantieren.«

»Man stellt einfach an und wartet. Und in der Zwischenzeit kann man mit der Ehefrau knutschen.«

»Iiiih«, schreien die Kinder im Chor. »Das ist ja ekelhaft!«

Mein Mann schaut mich erstaunt an. Dann grinst er. »Los, Mäuse«, sagt er und zieht mich an sich. »Holt mal die Teller aus der Küche! Und Wasser aus dem Keller!«

Die Kinder flitzen davon. Und mein Mann und ich nutzen die Aufwärmzeit auf beste Art und Weise. So ein Gasgrill hat tatsächlich noch mehr Vorteile, als der Verkäufer erwähnt hat!

Schatz, ist das wirklich schon durch?

Merke:
Ein Finger ist kein Fleischthermometer

Wenn wir auf dem Sofa sitzen, macht mein Mann neuerdings Handbewegungen wie ein indischer Guru. Er legt Daumen und Zeigefinger zusammen oder Daumen, Zeige- *und* Mittelfinger und drückt dann mit dem Zeigefinger der anderen Hand in den Daumenballen. Dazu murmelt er immerzu irgendwas Unverständliches, was meiner Meinung nach nur ein Mantra sein kann. Neugierig frage ich: »Ist das eine neue Entspannungsmeditation?«

Als große Anhängerin des Zwei-Fliegen-mit-einer-Klappe-Prinzips bin ich schon seit Langem auf der Suche nach einer Entspannungsmeditation, die ich beim Fernsehen machen kann.

Ich fände es nämlich wirklich todschick, wenn ich demnächst überall beiläufig fallen lassen könnte: »Ja, die neue Staffel *Better call Saul* ist wirklich großartig. Und übrigens, ich meditiere jetzt auch.« Wo ich doch schon kein Yoga mache, weil es zwischen der Anfangsentspannung und der Schlussentspannung diesen lästigen gymnastischen Teil gibt. Aber leider werde ich enttäuscht. Es ist natürlich keine Entspannungsmeditation, die mein Mann da ausführt. Sondern eine Gargrad-Überprüfungsmethode, die in der Grillszene quasi eine Pflichtübung ist. Denn mit diesem Daumenballentrick kann man rausfinden, ob das Steak *rare* oder *medium rare* ist, erklärt mein Mann.

»Man drückt auf seinen Daumenballen, um herauszufinden, ob das Steak durch ist?«, frage ich verdutzt.

»Nein«, ruft mein Mann gedehnt, als hätte er es mit einem besonders begriffsstutzigen Exemplar von Ehefrau zu tun. »Man drückt natürlich auf das Steak.«

»Ach so«, sage ich. »Das klingt schon einleuchtender.« Ich mache eine Pause und schiebe dann nach: »Und was ist noch mal *rare* und was ist *medium rare*?«

»*Rare* ist blutig, und *medium rare* ist rosa bis rot gebraten.«

Ich habe einen Geistesblitz. Irgendwo hatte ich doch mal was aufgeschnappt zum Thema Steak. »Gibt es nicht auch noch *well done*?«, frage ich.

»Nein«, sagt er.

»Wie jetzt? Natürlich gibt es das!«, protestiere ich. »Das weiß ich zufällig ganz genau. Das bedeutet durchgebraten.« Ich lächele stolz über mein profundes Fleischwissen.

Aber mein Mann ist kein bisschen beeindruckt. »Ja«, sagt er. »Das mag sein. Aber ich schwöre hiermit hoch und heilig, dass ich kein Steak durchbraten werde. Wenn man Schuhsohlen essen will, dann bitte – aber nicht bei mir.«

Hm. Ich muss sagen, diese diktatorische Einstellung gefällt mir nicht. Ich meine, er kann sich zwar für einen Grillmeister halten, aber das heißt noch lange nicht, dass ich alles tue, was er sagt. »Aber was ist, wenn ich es *well done* haben will?«, frage ich lauernd.

»Dann kaufe ich dir ein schönes Schweinekotelett. Das brät man immer durch. Ein Steak muss mindestens rosa sein. Punkt. Ende der Diskussion.«

»Das passt mir nicht«, protestiere ich. »Dass du mir hier Vorschriften machen willst.«

»Ich mache dir keine Vorschriften. Ich sage dir, was besser ist.«

»Es klingt aber wie eine Vorschrift«, maule ich. »Dabei kann man Geschmack nun mal nicht vorschreiben.«

»Wenn es um Salat geht, machst du mir doch auch Vorschriften«, gibt er zurück, »indem du sagst, er gehöre nun mal dazu.«

»Das ist doch was anderes!«, rufe ich. Männer und ihr *Salatproblem*. Du meine Güte! Was ist da bei der Evolution eigentlich schiefgelaufen, dass die sich so sperren, irgendwas grünes Blätteriges zu essen? Und dann wundern sie sich, dass die Kinder immer so einen Aufstand um Vitamine machen!

»Du haust dir ja auf deinen Salat auch immer Käse in rauen Mengen – und mecker ich da vielleicht rum?«, sage ich pampig. »Wenn ich schon Fleisch esse, dann eben auch so, wie ich das will.«

Er sieht mich an, als wäre bei mir Hopfen und Malz verloren, und stöhnt: »Na gut. Kriegst du dein Steak eben *well done*! Wirst schon sehen, was du davon hast.«

»Gut«, sage ich, dabei passt mir das jetzt auch wieder nicht richtig. Es klang nämlich fast wie eine Drohung. »Und jetzt hör endlich auf mit dieser Fingergymnastik, ich kann mich gar nicht auf den *Tatort* konzentrieren.«

Ein paar Tage später ist es so weit: Mein Mann kommt mit einer Tüte vom Metzger nach Hause. »Da habe ich aber ganz was Feines heute«, verkündet er.

»Lass mich raten«, entgegne ich. »Tofuwürstchen.«

Er würdigt meinen Witz kein bisschen, sondern schlägt

das Papier auf und präsentiert zwei rote Fleischbatzen. »Sind das nicht zwei sehr schöne Rumpsteaks?«

»Findest du die nicht viel zu dick?«

»Ach was. Wie mein Freund Marcel immer sagt: Jedes Steak unter vierhundert Gramm ist Carpaccio!«

»Seit wann ist Marcel dein Freund?«, frage ich skeptisch.

»Na gut. Mein *Grillfreund*. Besser?«

Ich nicke. Mein Mann betrachtet derweil immer noch gebannt das Fleisch. »Ist das nicht wirklich wunderschön?«

Ich verdrehe die Augen angesichts dieses Kompliments für ein riesiges Stück Fleisch. So was kriege ich von ihm *nie* zu hören! Zu mir sollte er das mal sagen!

»Diese herrliche Fettmaserung!«

Okay, *das* sollte er besser nicht zu mir sagen.

»Und denk dran«, sage ich. »Ich will meines *well done*!«

Er schnaubt verächtlich. »Mache ich. Aber ich gebe dir nichts von meinem schönen zarten Steak ab, wenn du nachher auf deiner Schuhsohle rumkaust. Denn das hier könnte man auch roh essen, wenn man wollte. Das ist Sushi-Qualität.«

»Sushi? Gibt es neuerdings Fleisch-Sushi?« Keine schlechte Idee. Für *Männer*.

»Natürlich nicht! Aber man könnte damit Sushi machen, wenn man wollte.«

»Tun wir aber nicht«, stelle ich fest.

»Natürlich nicht!«, grinst er vor lauter Vorfreude. »Wozu haben wir nicht einen, sondern gleich zwei Supergrills?!« Mit dem Gasgrill hat er sich inzwischen angefreundet. Seine Enttäuschung darüber, dass der Grill sich auch aufheizen muss und nicht wirklich sofort nach Einschalten einsatzbereit ist, ist mittlerweile verflogen. Er prüft die Temperatur, klappt den Deckel auf und legt die beiden Steaks darauf, dann klappt er den Deckel wieder zu. »Ich gare jetzt nach der 90-90-90-90-Methode«, verkündet er.

»Ich kannte bisher nur 90-60-90«, frotzele ich.

Mit ernster Miene schaut er auf die Uhr. Humor und Steaks passen offensichtlich nicht zusammen. »Das bedeutet«, doziert er, »nach 90 Sekunden drehe ich das Steak um 45 Grad, lasse es aber auf derselben Seite, damit es ein hübsches Grillmuster bekommt.« Er klappt den Deckel auf, dreht das Fleisch, klappt den Deckel wieder zu, schaut auf die Uhr.

»Das ist ja wirklich Sekundenarbeit«, sage ich. »Welche Soßen soll ich holen?«

»Schschsch«, macht er. Auf der Stirn erscheint seine Konzentrationsfalte, die mir bedeutet, dass ich ihn besser in Ruhe lassen soll. Du meine Güte! Es ist doch nur *Fleisch*, das gegrillt werden muss! Er klappt den Deckel wieder auf, wendet das Steak, diesmal auf die andere Seite. »Und das Ganze noch mal.« Deckel hoch, Deckel runter, steile Konzentrationsfalte. »Nach der Phase über der direkten starken Hitze müssen die Steaks jetzt noch bei indirekter Hitze garen«, doziert mein Mann, schaltet zwei der Brenner aus und legt die Steaks an den Rand. Bevor er den Grill wieder schließt, seufzt er: »Meine nächste Anschaffung wird ein Steakrost.«

»Ist das da kein Steakrost?«, frage ich verwirrt.

»Nein. Damit kriegt man nicht so ein schönes Grillmuster hin. Siehst du?« Er deutet auf die schwach zu erkennenden dunklen Linien im Fleisch. »Das sollte ein richtiges Schachbrettmuster sein.«

»Ist doch egal«, sage ich achselzuckend. »Ändert doch am Geschmack nichts.«

Jetzt sieht er mich an, als hätte ich nicht mehr alle Tassen im Schrank. Lacht einmal auf. Schüttelt verständnislos den Kopf, dann geht er kommentarlos rein.

»Wo gehst du hin?«, frage ich.

»An den zweiten Ort, an dem ein Mann sich entspannen möchte«, ruft er zurück.

Muss ich das verstehen? Und wenn die Toilette der *zweite* Ort ist, welcher ist dann der erste? Etwa der Grill? Und was sollen auf einmal diese Machoallüren? Verwirrt starre ich auf den geschlossenen Deckel des Grills. Ich höre es leise zischen. Oder bilde ich mir das nur ein? Und überhaupt. Was soll ich denn jetzt machen? Ich bin doch wohl verantwortlich für den Grill, jetzt, wo mein Mann weg ist. Ohne mir Instruktionen zu geben. Und was, wenn das Fleisch ausgerechnet jetzt verkokelt? Ich kann nicht anders und lupfe den Deckel. Hm. Sieht irgendwie aus, als ob das schon gut ist. Ich nehme die Grillzange und hebe das Steak an. Ein Schrei. »Nicht!«, brüllt mein Mann, der aus der Terrassentür stürzt.

»Warum denn nicht?«, sage ich abwehrend. »Ich wollte doch nur mal gucken.«

Er reißt mir die Grillzange aus der Hand. »Fleisch braucht Ruhe beim Grillen, Herrgottnochmal!«, rügt er mich streng. Du liebes bisschen! Ich ziehe eine Grimasse. Psst, seid mal alle ganz leise, damit das Steak sich ausruhen kann.

»Die Fleischsäfte müssen sich verteilen«, erklärt er dann oberwichtig, beugt sich näher über die Steaks und kneift ein Auge zusammen. »Könnte aber perfekt sein.«

»Sag ich ja«, kommentiere ich schnell. Jetzt kommt's. Mein Mann drückt mit seinem Finger auf das Fleisch, zieht ihn schnell wieder zurück, und fängt dann mit seiner Fingergymnastik an, überprüft den Druck an seinem Daumenballen, vergleicht dann noch mal mit dem Steak und befindet: »Ja, medium!«

Er nimmt eines der Steaks vom Grill und legt es auf einen Teller. Dort liegt es dann. Ansonsten passiert nichts. »Soll ich es mal anschneiden, um zu gucken?«, wage ich zu fragen.

»Jesus!«, ruft er. »Sag mal, weißt du denn gar nichts?«

Und da merke ich es: Er ist nervös! So pampig wird er nämlich sonst nur in den letzten Minuten eines entscheidenden Champions-League-Spiels.

»Lass mich raten«, sage ich süffisant. »Die Fleischsäfte.«

Er nickt. Dann stehen wir da und schauen auf das Steak, das so harmlos da rumliegt, während in seinem Inneren die ominösen Fleischsäfte auf Wanderung sind.

»Sollen wir es nicht abdecken, damit es warm bleibt?«, schlage ich vor. Auch wieder falsch!

»Nein!«, ruft er. »Dann weicht die Kruste auf.«

Himmel. Was für eine Zeremonie.

»Aber wenn du es jetzt nicht anschneidest, weißt du doch gar nicht, ob du richtig gedrückt hast«, gebe ich zu bedenken.

Er kommt ins Schwanken. »Stimmt auch wieder.« Zack, nimmt er ein Messer und ritzt das Steak an. Es ist so roh, dass fast noch das Blut rausspritzt. »Ooookay«, sagt mein Mann nach einer Schrecksekunde und behauptet dann: »Genau so wollte ich es haben.«

»Hast du nicht eben gesagt, das soll medium sein?«

»Ich meinte medium *rare*«, korrigiert er. Dann macht er sich mit dem Fingertest an meinem Steak zu schaffen. »Das ist *well done*«, befindet er, nachdem er den Härtegrad noch mal mit seinem Daumenballen verglichen hat.

»Ich will es noch was drauf lassen«, sage ich.

»Warum?«

»*Darum*«, sage ich. »Das mag ich lieber.«

Er mustert mich kritisch. »Du denkst, ich kann den Fingertest nicht«, unterstellt er mir dann. Ich werfe einen demonstrativen Blick auf seinen blutenden Fleischbatzen. »So roh hast du dein Steak jedenfalls noch nie gegessen«, sage ich.

Er lässt die Schultern runtersacken. »Stimmt«, gibt er zu. »Das klappt ja überhaupt nicht mit diesem blöden Fingertest!« Er legt sein Steak noch mal auf den Grill.

»Vielleicht sind deine Hände dafür zu kräftig«, schlage ich versöhnlich vor.

»Ja«, sagt er erleichtert. »Das wird es sein. Deswegen muss ich einfach noch mehr üben.« Schon drückt er wieder auf dem Steak und seinem Daumenballen rum.

»Ich glaube, meines ist jetzt auch gut«, sage ich schnell. Einmal draufdrücken ist ja okay, aber daran rumtatschen wie an einem Handschmeichler ist ja nun auch nicht gerade appetitlich. Aber es gelingt: Mein Steak ist wirklich gut, mit einem zarten rosa Kern. Das von meinem Mann ist irgendwie noch halb roh, und mit dem Einschnitt sieht es aus wie aus der Veteranenabteilung, aber mein Mann schlingt es tapfer runter und lobt dann: »Well done, wirklich!« Ich vermute, das bezieht er nicht auf den Gargrad, sondern auf sich selbst.

Neues aus der Selbsthilfegruppe grillgeplagter Ehefrauen

Es gibt so viele Fragen, die ich habe. Zum Beispiel: Warum tun Männer allgemein so, als ob Frauen vom Grillen nicht die Bohne verstehen? Sind die Machoallüren eine Folge von übermäßigem Fleischkonsum? Und was ist das für eine Marotte mit dem Steakmuster? Ich rufe meine Selbsthilfegruppe an und klage Britta mein Leid. »Mein Mann hat sich letztens total seltsam aufgeführt, als ich meinte, ein Schachbrettmuster auf dem Steak wäre doch egal.«

Britta lacht los. »Was haben nur alle mit diesem Steakmuster?«, frage ich.

Immer noch prustend antwortet sie: »Als ich im letzten Jahr bei strömendem Regen mal Steak in der Pfanne gebraten habe, hat Marcel es traurig angesehen und gesagt, ohne Steakmuster wäre alles fad. Er könne nicht mehr ohne das Branding auf seinem Steak leben. Es klang fast wie ein Abschiedsbrief!« Britta gackert fröhlich. Wir tauschen ein paar Floskeln aus über den inneren Cowboy im Mann und seine Sehnsucht nach Brandzeichen und dem Himmel über der Prärie. Dann erklärt mir Britta aber noch ein paar Zusammenhänge in Sachen Geschmacksentwicklung durch starke Hitzeeinwirkung, weswegen auch die Kruste so wichtig ist, und ich versuche, mir alles zu merken, damit ich demnächst meinen Mann mit meinem Wissen über Röstaromen beeindrucken kann.

»Aber trotzdem«, sage ich dann. »Was die Männer da für eine große Sache draus machen, kann ich nicht nachvollziehen.«

»Na ja«, merkt sie an. »Wir brauchen unsere Blümchen und Kerzen auf dem Tisch, damit wir uns wohlfühlen, und Männer brauchen halt ein Steakmuster.« Das stimmt allerdings. Ich bin beruhigt. Männer spinnen zwar. Aber Frauen eben auch.

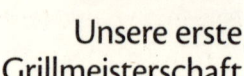

In MuhMuh
we trust!

Unsere erste
Grillmeisterschaft

Ich fahre mit meinem Mann zu einer Grillmeisterschaft. Es ist unsere erste. Wir wissen nicht, was uns dort erwartet, außer Grillteams mit lustigen Namen wie »In MuhMuh we trust!«, »Red Hot Chili G(o)rillas« und »Seenstädter Grill-kommando«. Diese Teams wollen sich in den Disziplinen Rinderburger- und Schweinebauchgrillen messen. Wir sind also gespannt. Oder besser gesagt: Mein Mann ist gespannt, und ich frage mich, ob es wirklich eine gute Idee war, mit-zufahren, anstatt mich aufs Sofa zu lümmeln und mein Buch auszulesen. Aber nun gut. Für das Eheglück ist es ja nun bekanntermaßen wichtig, sich auf die Interessen des Partners einzulassen. »Hast du schon gesehen, dass Thomas Müller jetzt für Grillkohle wirbt?«, frage ich also dem An-lass entsprechend.

»Hm«, macht er nur. Und ich frage mich, ob Männer *im Allgemeinen* glauben, ein »Hm« wäre eine adäquate Ant-wort, oder ob das nur meinen Mann betrifft.

»Was *Hm*?«, frage ich.

Er schnalzt mit der Zunge, als wäre ihm gerade eine Ein-gebung gekommen. Und plötzlich kann er doch ausführlich reden. »Vielleicht liegt es *daran*. Vielleicht ist der Müller von den ganzen Werbesachen so abgelenkt, dass er *deswegen* keine vernünftigen Elfmeter mehr schießen kann.« Und dann führt er lang und breit aus, welche Sorgen ihm das seltsame Elfmeterverhalten von Thomas Müller bereitet. Das Navi schaltet er stumm, damit er mit seiner Analyse meine ungeteilte Aufmerksamkeit hat. Mein Mann benennt den entscheidenden Fehler von Thomas Müller, der neuerdings tatsächlich versucht, den Torwart zu überlisten, anstatt wie früher einfach draufzuhämmern. Das Display zeigt stumm an, dass wir bald rechts abbiegen müssen. Mein Mann bleibt auf der linken Spur und rätselt lautstark, wer oder was hinter dieser geänderten Elfmetertaktik steckt und ob Müller vielleicht mentale Probleme hat. Anstalten, nach rechts zu fahren, macht er nicht. »Warum?«, ruft er stattdessen fassungslos. »Er war einer unserer zuverlässigsten Elfmeterschützen und jetzt so was!«

Die Abfahrt kommt näher.

»Mir egal, wie er schießt, Hauptsache, er macht ihn rein«, sage ich und füge unvorsichtigerweise hinzu: »Und jetzt hier rechts.«

»Ich weiß doch, wie man nach Navi fährt«, sagt mein Mann eingeschnappt und heizt über zwei Spuren zur Ausfahrt.

»Entschuldige«, gebe ich spitz zurück. »Ich wusste nicht, dass nur das Navi den Weg ansagen darf, aber keinesfalls die Ehefrau.«

»Das Navi hat wenigstens nicht diesen besserwisserischen Unterton«, nörgelt er.

»Nein«, korrigiere ich. »Es hatte *gar keinen* Ton, weil es stumm geschaltet war.«

Jetzt sind wir zwar ordnungsgemäß abgebogen, aber dafür ist die Stimmung abgekühlt. Und dann fängt es auch noch an zu regnen. Ich hoffe, es gibt gleich Probierhäppchen in rauen Mengen.

Die Grillmeisterschaft findet auf dem Parkplatz des örtlichen Supermarkts statt. Wegen des Regens sind die Hüpfburgen noch nicht aufgepumpt und liegen als nasse, schlaffe Gummihüllen herum. Es tröpfelt auch auf die bunten Zeltpavillons, unter denen es immerhin schon verdächtig qualmt. Eine Liveband singt tapfer von Summerfeelings, die bei dem Wetter aber noch nicht so recht aufkommen wollen.

»Das sieht ja dilettantisch aus«, knurrt mein Mann, immer noch angesäuert. Doch schon als uns der erste von Röstaromen geschwängerte Lufthauch erreicht, hebt sich seine Stimmung sofort. »Oh, wie das riecht«, schwärmt er und lässt sich sogar hinreißen auszurufen: »*Das* ist der Duft der Glückseligkeit.«

Mein Gott, dass ich das noch erleben darf! Mein Mann wird poetisch! Und wartet damit, bis wir nach siebzehn Jahren Ehe an einem regnerischen Sonntag auf der Grillmeisterschaft in Jüchen sind. Na gut. Als erfahrene Ehefrau weiß man, dass man an Poesie mitnehmen muss, was man kriegen kann. Ich bin also fast geneigt, mir angesichts der leidenschaftlichen Begeisterung meines Mannes ein Tränchen aus dem Auge zu drücken. Gleichzeitig überlege ich, warum es eigentlich keinen Lufterfrischer »Barbecue« für zu Hause und unterwegs gibt. Würde vielleicht die etwas verkümmerte romantische Seite meines Mannes hervorkitzeln. Und bestimmt gegen jede Form des Schmollens inklusive Morgenmuffelei wirken. Und das ganz ohne den lästigen Rauch. Ja, das wäre mal eine gute Erfindung!

Der erste Stand besticht nicht nur durch seine fünf dampfenden Kugelgrills, er sieht auch schick aus, mit Kräutern und weißen Leinentüchern über den Tischen. Dabei sind da nur Männer am Werk! Und zwar gleich sechs! Sie werkeln fleißig an der Zubereitung eines Rinderburgers mit allerlei Schnickschnack, Gang eins des Wettbewerbs. Mein Mann stürzt sich auf die Hochglanz-Infobroschüren, die auf dem vordersten Tisch liegen und verkünden: in sechs Schritten zum Grillmeister. Schon bei Tipp Nummer 1 verzieht er skeptisch das Gesicht. »Den Rost mit Öl einpinseln?«, raunt er mir entgeistert zu. »Jamie Purviance rät aber dringend davon ab.«

»Und wenn *der* davon abrät, dann haben die hier offensichtlich absolut keine Ahnung«, sage ich und bemühe mich nicht mal, meinen Sarkasmus zu verbergen. Was aber auch egal ist, denn bei Jamie Purviance versteht mein Mann so oder so keinen Spaß.

»Ganz offensichtlich«, sagt er pikiert und will schon gehen, da kommt ein Brettchen mit rosa gebratenen Steakhäppchen an der Hand eines Grillmeisters auf uns zugeschwebt. »Roastbeef gefällig?«, fragt der Grillmeister.

»Na, aber sicher«, antwortet mein Mann und langt sofort zu. Schon während des Kauens kann ich an seinem Gesicht ablesen, dass seine Meinung über das vermeintlich ahnungslose Grillteam ins Wanken gerät. Ich probiere auch einen Happen. Das Fleisch ist saftig und kross und unheimlich zart und einfach gigantisch lecker. »Vielleicht schadet es doch nicht, den Grillrost mit Öl einzupinseln«, murmele ich mit vollem Mund.

»Von Schaden kann ja auch keine Rede sein, solange man die Flammenbildung im Griff hat. Fettbrand ist nämlich wirklich eine blöde Sache«, weist mich mein Mann fachmännisch zurecht. Zu dem Grillmeister, der den Rest der Probierhäppchen an andere Kundschaft losgeworden ist, sagt er: »Sehr lecker. Da ist nur Meersalz drauf, oder?«

Der Grillmeister lächelt siegessicher. »Nein. Wir verwenden kein Meersalz, sondern nur Urmeersalz.« Er reicht uns eine Broschüre von einer Firma, die für sich beansprucht, den »King of Salt« zu vertreiben. Mein Mann schaut beeindruckt. »Interessant. Salz aus Millionen Jahre altem Meerwasser!«

Während wir weitergehen, beglückt er mich erneut mit dem Vortrag »Wahl des richtigen Salzes«, was Jamie Purviance für genussentscheidend hält, weil nämlich – und jetzt fasse ich es in meinen Worten zusammen, sonst dauert das zu lange – normales Speisesalz das Fleisch total verhunzt, wohingegen grobes Meersalz wahre Wunder wirkt. Glasklar, dass mein natriumsensibler Mann auf das Thema sofort anspringt. »Wenn Meersalz schon besser ist, dann muss Urmeersalz ja wohl *noch* besser sein«, schlussfolgert er, wobei ich der Argumentation nicht ganz folgen kann. Liegt aber vielleicht daran, dass ich von der Werbebroschüre abgelenkt bin.

»Das Salz wird in einem Spezialverfahren kristallisiert«, lese ich laut vor. »Dieser Vorgang wird von ruhiger Musik, Licht und Wärme unterstützt. Dadurch bleiben alle wertvollen Minerale des Urmeers enthalten.«

Mein Mann nickt ergriffen. »Sollten wir uns anschaffen.«

»Hallo? Bei Globuli sagst du, das sei pure Einbildung, und jetzt willst du Salz kaufen, das bei ruhiger Musik kristallisiert wird?«, frage ich entgeistert. Aber ich bekomme keine Antwort, weil mein Mann etwas entdeckt hat, das all seine Aufmerksamkeit auf sich zieht.

»Guck mal, der Typ da«, sagt er ehrfürchtig und deutet auf einen Grillmeister mit Totenkopf-Tattoos auf beiden schinkenkeulengroßen Waden, der vor einem Grill mit den Ausmaßen eines Kleinwagens steht. Erst raffe ich nicht, was mein Mann jetzt so bemerkenswert findet, die bunten Keulenwaden oder den chromblitzenden Gasgrill. Aber dann stelle ich fest, dass der Grillmeister anscheinend so eine Art lebendes Fleischthermometer ist. Denn einer seiner Grillteamkameraden hat sich gerade an der Finger-Garprobe versucht, aber dann hilflos den Grillmeister mit den tätowierten Waden herbeigerufen, der jetzt auf den Fleischbatzen drückt, das mächtige Haupt zustimmend wiegt und zulässt, dass der Grillnovize das Fleisch in eine andere Garzone befördert.

»Verdammt«, ärgert sich mein Mann. »Diese *verdammte* Finger-Garprobe.« Er fängt schon wieder an, auf seinem Daumenballen rumzudrücken.

»Irgendwann schaffst du das auch«, beruhige ich ihn. »Guck, der Kleine da kann das auch nicht, und der nimmt immerhin schon an einer Grillmeisterschaft teil.«

Das besänftigt ihn, und wir gehen zu einem Imbisswagen, wo wir eine Bratwurst im Brötchen verdrücken. Dann laufen wir noch ein bisschen über den Platz und erfahren, dass die meisten Grillteams von Firmen gesponsert werden, damit sie zum Beispiel Urmeersalz, Grillsaucen oder griechische Grillkohle präsentieren, die dreiundzwanzig Euro pro zehn Kilo kostet. Mein Mann bekommt leuchtende Augen. »Damit kann man ja jede Menge Geld sparen«, staunt er und beschließt: »Ich werde mir auch einen Sponsor suchen.«

»Willst du etwa an Grillmeisterschaften teilnehmen?«, frage ich verblüfft.

»Warum nicht? Wenn man ein Hobby professionell betreiben möchte, gehört das doch dazu!«

Ich betrachte die Männer in ihren Ständen, von denen einige so aussehen, als hätten sie schon zum Frühstück ein ganzes Schwein verputzt. Samt einem halben Kasten Bier. Und denke, *so* professionell muss er nicht unbedingt werden.

»Aber mit wem würdest du ein Team bilden?«, frage ich.

»Du könntest mitkommen für Deko und Kram«, bietet er an.

»Ach weißt du, ach nöö so.«

»Marcel würde sich dafür vielleicht interessieren«, überlegt er.

»Marcel ist natürlich ein toller Partner«, stimme ich zu. »Der hat so unglaublich viel Ahnung, da könntest du sicher eine Menge lernen.«

»Ja«, schnaubt er, »das hätte Marcel wohl gerne. Den Chef spielen und mich zum Handlanger degradieren!«

»Andererseits hättest du dann Ruhe und könntest alleine den Aufbau des Standes organisieren«, sage ich. »Um acht Uhr vor Ort, das heißt, *sechs* Uhr aufstehen. An einem *Sonntag.*«

Er starrt mich ausdruckslos an. »Nein, ich glaube, das ist doch keine so gute Idee mit den Grillmeisterschaften«, sagt er dann. »Ich grille lieber nur für Gäste. Und für uns.« Er legt den Arm um mich, und zusammen spazieren wir zurück zum Auto. Und ich bin doch froh, dass es keinen Raumerfrischer »Barbecue« gibt, der meinen Mann am Sonntagmorgen aus dem Tiefschlaf reißen und zu übertriebenem Tatendrang treiben würde.

Schreck in der Nachmittagsstunde

Mit Spritzenphobie ist nicht gut grillen

Ich schneide im Garten die Rosen. Ich habe natürlich keinen blassen Schimmer, was ich da tue, und hoffe nur, dass Frau Lubitz nicht auf die Idee kommt, über die Hecke zu schielen und mir eine als Vortrag getarnte Standpauke zum fachgerechten Stutzen von Rosen zu halten. Plötzlich Aufregung. Mit einem Schrei schießen die Kinder durch den Insektenvorhang und rennen kreischend in den Garten. Töchterchen klammert sich aufgeregt an meinen Rücken und geht dort in Deckung. »Was ist denn los?«, frage ich alarmiert.

»Der Papa will uns impfen!«, brüllt Sohnemann und klettert in den Birnbaum.

»Mit einer Riesenspritze!«, schreit Töchterchen und gluckst vor Vergnügen. Tatsächlich kommt da schon mein Mann raus, in der Hand ein blinkendes Monstrum von Spritze.

»Wo sind die Kinderchen, die ich gegen Tollwut impfen muss?«, ruft er drohend mit verstellter Stimme und grinst wie Chuckie, die Mörderpuppe. »Kommt, Kinderchen, ich tue euch nichts! Ich pieke nur ein bisschen!«

»Hilfe«, brüllt Töchterchen, verlässt die Deckung und rennt lachend in den hintersten Winkel des Gartens.

»Was soll das denn werden?«, frage ich und betrachte das Gerät des Grauens.

»Ich teste meine neue Marinierspritze«, informiert mein Mann im Vorbeigehen.

»Deine … *was*?«

Aber er antwortet nicht, weil er die Kinder in die Enge treibt. Und ich versuche, geistig nachzuvollziehen, was er gesagt hat. *Marinierspritze*? Eine Spritze zum Marinieren? Echt jetzt?

Nachdem er die Kinder ein bisschen mit Wasser vollgespritzt hat, kommt er zu mir und erklärt mir das Wunderding, das er gerade neu erstanden hat und mit dem man die Marinade *in* das Fleisch spritzt, anstatt es nur damit einzureiben. »Marcel hat gesagt, ohne Marinierspritze hat man als Griller so gut wie verloren«, endet er die Ausführung.

»Ooookay«, sage ich langsam.

»Aber jetzt sind wir auf der Gewinnerseite. Jetzt können wir auch endlich Pulled Pork selbst machen!«, jubelt er.

»Was ist Pulled Pork?«, fragt Sohnemann.

»Das ist Fleisch, das so weich ist, dass man es mit den Fingern auseinanderrupfen kann. Siehst du, so!«, sagt er, packt Sohnemann und kitzelt ihn ordentlich an der Seite, bis er japsend zu Boden geht. »Ich auch«, ruft Töchterchen und lässt sich ebenfalls zeigen, wie man Pulled Pork isst. »Das ist besonders lecker!«, schwärmt mein Mann, während Töchterchen sich vor Lachen kaum noch auf den Beinen halten kann. Die Kinder und er lassen sich völlig erschöpft auf die Terrassenstühle sinken.

»Auf jeden Fall«, sagt mein Mann, »machen wir gegrillte Maiskolben dazu. Das gibt immer eine schöne Sauerei.« Zustimmendes Gegröle der anwesenden Minderjährigen und der anderen, die fürs Waschen nicht zuständig sind.

Mit »den anderen« meine ich natürlich meinen Mann. Aber ich komme nicht dazu, ihn auf die Nachteile eines solchen Essens hinzuweisen, weil ich Frau Lubitz gerade durch die Hecke erspäht habe. Schwupps, hat sie mich auch gesehen. Während wir uns grüßen, lasse ich unauffällig hinter mir die Rosenschere auf den Rasen gleiten, damit sie ja nicht merkt, was hier los ist.

»Na«, fragt sie. »Auch im Garten?«

Sie hat die Angewohnheit, völlig unsinnige und dazu auch noch grammatikalisch verstümmelte Fragen zu stellen. Ich nicke und passe mich sofort ihrer Sparsprache an. »Bei dem schönen Wetter.«

Ihre Augen schwärmen aus auf der Suche nach etwas, zu dem sie mir ihre wertvolle Meinung mitteilen kann. »Viel Arbeit, so ein Garten, was?«, stellt sie fest. Irgendwie scheint sie unzufrieden, dass sie ihre Expertise nicht loswerden kann. Doch diesen Gefallen werde ich ihr nicht tun. »Aber auch Spaß«, antworte ich abschließend und drehe mich zu Töchterchen um, die mich auf den Arm getippt hat. »Hier, Mama, das ist dir runtergefallen«, sagt sie, guckt mich aus ihren Kulleraugen süß an und reicht mir die Rosenschere.

DES PUDELS KERNTEMPERATUR

Praktischer Chemieunterricht mit Pulled Pork

»Marcel und Britta kommen am Wochenende vorbei«, verkündet mein Mann.

»Aha«, sage ich. »Hast du sie also endlich eingeladen?«

Er nickt und seufzt. »Ich weiß aber noch gar nicht, was ich grillen soll. Mit ihm kann ich einfach nicht konkurrieren«, sagt er betrübt.

»*Noch* nicht«, werfe ich schnell ein. »Grillen ist ja wie Kochen Übungssache und kein Hexenwerk.«

»Genau«, ruft mein Mann erleichtert. »Deswegen muss ich was machen, was auf jeden Fall gelingt.« Er überlegt eine ganze Weile, ob es »Beer Butt Chicken« geben soll. Das sind ganze Hähnchen, die auf Bierdosen gestülpt aufrecht stehend im Grill gegart werden. Er zeigt mir ein Bild.

»Das sieht ja grotesk aus«, entfährt es mir. »Wie prallbäuchige, kopflose Männer, die schon zu lange auf dem Barhocker sitzen.«

»Was?«, fragt er entgeistert. »Das sieht doch gut aus!«

»Nee«, sage ich. »Die sehen aus wie Werbebotschafter der internationalen Vegetariervereinigung.«

»Aber was soll ich denn sonst grillen?«, jammert er. »Ich brauche was Narrensicheres.« Nach langem Hin und Her verkündet er mir, dass er die Lösung gefunden hat und das die perfekte Gelegenheit ist, seine Marinierspritze einzuweihen und sein erstes Pulled Pork zu machen. »Das ist rustikal und von vornherein in einer anderen Liga als Marcels Edel-Chichi«, erklärt er. »Da kommt man gar nicht auf die Idee, zu vergleichen.«

Ich schaue ausdruckslos. Ich meine, *natürlich* wird Marcel auf die Idee kommen, seine Grillkünste mit denen meines Mannes zu vergleichen. Aber ich sage nichts, um meinen Mann nicht von vornherein zu frustrieren.

»Und selbst gemacht muss Pulled Pork fantastisch schmecken«, schwärmt er jetzt. »Gehört ja nicht umsonst zur Heiligen Dreifaltigkeit des Barbecues.«

»Nach dem Alten oder dem Neuen Testament?«, frage ich süffisant.

»Nach dem amerikanischen Testament«, gibt er ungerührt zurück.

Jedenfalls steht mein Mann am Samstag für das Pulled Pork extra früh auf. Für die Sonntagsmesse hat er das noch nie geschafft. Aber er begründet seinen ungewohnten frühmorgendlichen Tatendrang mit den zehn bis zwölf Stunden Garzeit. Weswegen er den Grill schon ziemlich früh anwirft, wieder mit dem berühmten Minion-Ring. Der beachtliche Schweinenacken liegt schon seit gestern von der Marinierspritze gedopt und einem Gewürzmantel umhüllt im Kühlschrank – und wird also noch vor dem Frühstück der sanften Hitze des Kugelgrills übergeben. Beim Frühstück schwärmt mein Mann mir vor, wie entspannt es sich grillen lässt mit der *Slow and low*-Methode. Jetzt singt er auch wieder das Hohelied der indirekten Hitze, weil man nur mit ihr die Heilige Dreifaltigkeit des Barbecues zubereiten kann. Außer Pulled Pork sind das Spareribs (hatten wir ja schon) und Beef Brisket (werden wir sicher auch bald mit beehrt). Sein Funkthermometer lässt er den ganzen Vormittag nicht aus den Augen, und im Stundentakt informiert er mich über die Kerntemperatur des Bratens. Ich weiß zwar nicht warum, aber wenn er es so meint, bitte. Um zwölf Uhr äußert mein Mann angesichts des schnellen Anstiegs der Kerntemperatur den Verdacht, dass das Pulled Pork viel früher fertig sein wird als geplant, und überlegt schon, wie er es warm halten soll, bis der Besuch kommt. Um 13 Uhr vermeldet mein Mann 64 Grad Kerntemperatur. Das scheint ihn zufriedenzustellen. Er übergießt den Braten mit Soße und schließt den Deckel. Um 14 Uhr stutzt er, weil es immer noch nicht viel mehr als 65 Grad sind. Um 15 Uhr (Kerntemperatur 65 Grad) fällt zum ersten Mal der Begriff, der mich den weiteren Samstag verfolgen soll: die Plateauphase. Die Plateauphase scheint eine ominöse hinterhältige Sache zu sein, das Schreckgespenst des Barbecues, ein geradezu teuflischer Gegner. Niemand weiß, wann er zuschlägt und wie lange er bleiben wird. Denn nichts hilft gegen die Plateauphase. Und wenn man die Nerven verliert und die Temperatur erhöht, geht erst recht alles den Bach runter. Sagt mein Mann und starrt den geschlossenen Grill an und murmelt irgendwas vor sich hin, vermutlich Grillgebete. Dann endlich, um 16.05 Uhr: Entwarnung. Die Kerntemperatur steigt! Die Laune meines Mannes auch. Um 16.30 Uhr bereitet er bester Stimmung den Teig für die Burgerbrötchen vor (er lehnt jede Hilfe ab, weil er dem Rezept von Barbecue-Pit hundertprozentig vertraut). Um 17.30 Uhr formt er die Brötchen. Ich bin ziemlich beeindruckt von seinem Ehrgeiz, Brötchen selbst zu backen (und von dem Selbstbewusstsein, mit dem er meine Hilfe abgelehnt hat). Um 18 Uhr entdecke ich erste nervöse Falten im Gesicht meines Mannes. »Es hat immer noch 76 Grad Kerntemperatur«, sagt er. »Seit einer Stunde!« Er wirft mir einen verzweifelten Blick zu.

»Ist das etwa«, hauche ich, »noch eine …« Ich wage es kaum auszusprechen.

Er nickt und sagt mit Grabesstimme: »Noch eine Plateauphase.«

»Oh nein«, stöhne ich auf. »Gibt es nicht irgendeinen Grillgott, der dir helfen kann?«

»Doch«, ruft er. »Natürlich. Es gibt massig Grillgötter.« Er nimmt das Tablet und recherchiert. Im Internet versichert man ihm, dass alles so weit normal sei. Und dass es sich bei Pulled Pork nun mal um eine Geduldssache handelt. Und dass es schnelle und langsame Porks gibt. »Das hilft mir doch alles nichts«, grummelt er und wischt hektisch über sein Display. Die Burgerbrötchen sind mittlerweile zu stattlicher Größe aufgegangen und haben fast die Durchmesser von Handbällen erreicht. Ich wage nicht zu fragen, ob das Absicht war oder ob er sich da auch ein bisschen verschätzt hat. Jedenfalls würde da eine Menge Pulled Pork reinpassen. Wenn es denn rechtzeitig fertig wird.

»Und was, wenn das Fleisch nicht gar wird?«, frage ich meinen Mann. Der sieht mich mit schreckgeweiteten Augen an. »Was tun wir denn dann auf diese Riesenbrötchen?«, frage ich.

Er betrachtet die Brötchen und sagt: »Mist. Ich hätte die Teigmenge doch abwiegen sollen.« Aber das ist noch unser geringstes Problem. Mit nervösem Flackern in den Augen denkt mein Mann nach. Dann sagt er kurz entschlossen: »Wir haben Burgerbrötchen. Also brauchen wir auch eine *Füllung*.«

Keine Stunde vor Ankunft der Gäste heize ich also zum

Supermarkt und kaufe Hackfleisch. Bio ist aus, Metzger haben zu. Also nur popelige Supermarktqualität. Aber das kann ich jetzt nicht ändern. Ich greife noch nach einer luftgetrockneten Salami und einem Stück Manchego, falls das mit den Burgern auch nicht hinhauen sollte. Verhungern wird keiner. Aber es sind ja nicht irgendwelche Gäste, sondern Marcel und Britta! Denen will man auch nicht mit einem schnöden Käsebrot ankommen. Zu Hause hat mein Mann den störrischen Schweinenacken in Alufolie gepackt.

»Das ist das Einzige, was jetzt noch gegen die Plateauphasen helfen könnte«, sagt er und faselt was von Feuchtkugeltemperatur und Verdunstungshitze und Kollagenschmelze. Ich stelle fest, dass Pulled Pork mich fatal an den Chemieunterricht erinnert. Der hat mich auch nie wirklich interessiert. Jetzt wird's hektisch. Die gebackenen Burgerbrötchen sind zwar riesig, sehen aber ansonsten super aus – doch mein Mann hat sich in den Kopf gesetzt, schnell noch irgendwas Besonderes zu zaubern, weil wir ja nicht einfach Ketchup und saure Gurken auf das Fleisch klatschen können. Er bombardiert mich also eine halbe Stunde, bevor die Gäste da sind, mit folgenden Fragen:

»Haben wir Cheddar?«

»Nein.«

»Aber eine Avocado werden wir wohl haben, oder?«

»Auch nicht.«

»Können wir nicht noch eine Rotweinreduktion machen, um den Burger damit zu glasieren?«

Habe ich da gerade wirklich das Wort *Rotweinreduktion* gehört? Ich schüttele konsterniert den Kopf.

»Dann müssen wir eben Zwiebeln karamellisieren«, sagt mein Mann. Wenn ich nicht so in Eile wäre, Kartoffelspalten zu schneiden, die wir im Backofen noch in Pommes verwandeln wollen, wäre das mal wieder ein Moment, um innezuhalten und die seltsame Wandlung meines Mannes in der Retrospektive zu betrachten. Das muss man sich mal auf der Zunge zergehen lassen: Der Mann, der Karamell bisher nur aus Schokoriegeln kannte, will auf einmal *Zwiebeln* karamellisieren! Schon schnappt er sich die Pfanne und haut Zwiebelringe hinein und streut Zucker drauf. Ich stehe ihm im Weg und werde unsanft zur Seite geschoben. Hektik pur! »Von wegen slow and low«, murmele ich genervt. »Viel mehr fast and furious!«

Dann treffen Marcel und Britta ein. Marcel schreitet durch unsere Reihenhausdiele wie ein Feldherr. Ein Feldherr in braunen Wildlederslippern. Zu Sohnemann sagt er: »Na, Junge.« Und patscht ihm tätschelnd auf den Kopf.

»Lass das«, sagt Sohnemann. Marcel zieht die Finger zurück, als hätte er sich verbrannt. Töchterchen mustert ihn provozierend. Ich hoffe, er kommt nicht auf die Idee, sie auch mit diesem dämlichen Kopftätscheln zu begrüßen. Sie hält nämlich eine Wasserpistole hinter ihrem Rücken versteckt. Aber Marcel merkt schon von allein, dass bei den Kindern mit seiner Feldherrenmanier kein Staat zu machen ist, und stapft hinaus auf die Terrasse. »Klein, aber dein«, sagt er, lacht überheblich meinen Mann an und sieht sich um, als erwarte er, doch noch irgendwo ein architektonisches Highlight zu entdecken, das über eine Buchsbaumhecke hinausgeht.

»Jemand einen Prosecco?«, presche ich vor.

»Ich auf jeden Fall«, sagt Britta.

»Na, was haben wir denn da Schönes?«, fragt Marcel und zeigt auf den Kugelgrill.

»Ach, das ist für morgen«, behauptet mein Mann. »Pulled Pork.«

Marcel lacht verschmitzt. »Für morgen also. Soso. Und …
läuft alles nach Plan?« Er hat meinen Mann natürlich sofort
durchschaut, der es jetzt auch zugibt, dass die verdammten
Plateauphasen ihm einen Strich durch die Rechnung gemacht haben. Marcel beruhigt ihn: »Ist mir bei meinem ersten Pulled Pork auch so gegangen. Lass mich raten. Du hast
kein Garraum-Thermometer!«

»Doch«, sagt mein Mann und deutet auf das Deckelthermometer.

»Ha! Das ist doch nicht dasselbe.« Marcel belehrt uns
umgehend, dass das Deckelthermometer nicht die richtige
Temperatur zeigt, weil die warme Luft nach oben steigt,
und der Deckel heißer ist als der Rost, und dass es schon
mal zwanzig Prozent Unterschied sein können, was bei
der Niedrigtemperaturmethode dann die entscheidenden
Grad zu wenig sind. Dann erzählt er noch einen Schwank
über das Übergießen des Fleisches mit Marinade, das man
auch erst bei 70 Grad anfangen sollte wegen Verdunstung
von Feuchtigkeit, die nämlich die Plateauphasen verur-
sacht. Britta und ich schauen uns komplizenhaft an und
verziehen uns mit unseren Gläsern an den Tisch. Später
grillt mein Mann die Frikadellen für die Burger, die genau
genommen *Pattys* heißen, auf dem Gasgrill, und nur den
ersten versemmelt er, weil er zu früh versucht, ihn vom
Rost zu heben, wobei er zerbricht. Erstaunlicherweise hält
sich Marcel mit spöttischen Bemerkungen zurück, aber ich
glaube, es liegt auch daran, weil er Angst vor Töchterchen
hat, die mit der Wasserpistole um unseren Tisch streift und
sich immer mal wieder eine Gurkenscheibe oder ein Stück
Brot mopst, wobei sie unseren Gast ziemlich kritisch beäugt. Andererseits habe ich fast den Eindruck, dass es Marcel schmeckt. Wobei er eine seltsame Art hat, das auszudrü-

cken. »Ich würde mich ja nicht trauen, so was anzubieten«, dröhnt er, »weil man von mir natürlich was anderes erwartet. Aber es ist nicht schlecht.«

»Was Marcel damit sagen möchte, ist, dass es ihm ausgezeichnet mundet«, übersetzt Britta süffisant. »Nicht wahr, Marcel?«

Der nickt. »Richtig rustikal halt. So wie man es vom X-Man kennt!« Er lacht, aber es klingt tatsächlich eher anerkennend als spöttisch.

»Du mich auch«, sagt mein Mann, und die beiden stoßen mit ihren Bieren an. Britta und ich verdrehen die Augen und amüsieren uns stumm über dieses seltsame Männerverhalten und essen zufrieden unsere Burger und die karamellisierten Zwiebeln. Sie geben dem Fleisch tatsächlich eine besondere Note. Da ist mein Mann wirklich auf eine gute Idee gekommen und hat sie auch noch super umgesetzt! Ich bin wirklich mal wieder überrascht. Und damit erreicht mein Wohlbefinden an diesem Abend erstaunlicherweise doch noch eine ausgedehnte Plateauphase.

EINKAUFEN

Chicken Wings
Schon wieder????
Jaaa!!
und Marsh-
mallows!!!

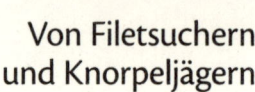

BIS(S) AUF DIE KNOCHEN

Von Filetsuchern und Knorpeljägern

Mein Mann hat sich einen Hühnerkeulen-Halter gekauft. Das ist ein Metallgestell, das aussieht wie ein Stempelständer, der typische Bewohner von Schreibtischplatten der westlichen Hemisphäre, jedenfalls bevor man alles in die Cloud geschickt hat. Wie die Stempel werden die Hühnerkeulen mit dem Knöchel (Haben Hühner überhaupt Knöchel? Oder nennt man das einfach Griff?) in das Gestell gehangen. Ähnlich wie bei dem Deckelhalter, den mein Mann für die Rippchen zweckentfremdet hat, garen die Keulen ohne direkten Kontakt zum heißen Grill ganz durch, ohne zu verbrennen. Mein Mann ist so begeistert von seinem Hühnerkeulen-Halter, dass wir jetzt andauernd Hühnerkeulen essen müssen. Wobei die bei uns gar nicht mehr Hühnerkeulen heißen, sondern Chicken Wings. Mein Mann kam zwar ganz wichtig mit dem Fachausdruck »Drumsticks« an, aber die Kinder haben ihn nur verständnislos angeguckt und nennen die Hühnerkeulen einfach weiterhin Chicken Wings. Sie lieben Chicken Wings! Und dann auch noch draußen! Natürlich esse ich auch gerne im Garten (wenn man mal von der Wespensaison, die im Juli beginnt und im September endet, und der Mückensaison, die nie endet, absieht). Aber unsere Kinder sind jedes Mal geradezu aus dem Häuschen über die Aussicht, draußen essen zu dürfen. Naiverweise habe ich gedacht, das läge an ihrer vorbildhaften Naturverbundenheit, ihrer Freiheitsliebe und ihrem Bedarf an frischer Luft und Bewegung. Pustekuchen! Neulich ist mir aufgefallen, dass sie nur deshalb gerne im Garten essen, weil es da immer Fleisch und Würstchen und Ketchup in rauen Mengen gibt, aber vor allem weil dort aus irgendeinem – mir nicht erfindlichen – Grund normale Tischmanieren nicht gelten. Mit den Händen essen, Ellenbogen aufstützen, wildes Ketchupspritzen und sogar Rülpsen werden nicht sanktioniert. Das geht nämlich gar nicht. Weil mein Mann all das auch macht. *Gelegentlich.* Seiner Vorbildfunktion kommt er jedenfalls draußen viel schlechter nach als drinnen. (Und da ist sie schon nicht astrein!)

Warum das so ist, ist mir ein absolutes Rätsel. Ich glaube, es hat was mit Knochen zu tun. Sobald mein Mann einen Knochen in der Hand hat, brechen bei ihm irgendwelche Ur-Instinkte auf, die vielleicht auf diesem mysteriösen Y-Chromosom gelagert werden, ich weiß es nicht. Jedenfalls spielt Pädagogik auf einmal überhaupt keine Rolle mehr, und eine Hühnerkeulen-Sause in unserem Garten ist zwar eine leckere, aber nicht wirklich eine *schöne* Angelegenheit. Ich komme mir schon vor wie in einem der Sonntagnachmittagsfilme meiner Kindheit, in denen die Ritter und Cowboys mit den Zähnen das Fleisch von den Keulen rissen, dass das Fett nur so spritzte, und die sich nach einem herzhaften Bäuerchen den verschmierten Mund mit dem Ärmel abwischten. Um nicht als Spielverderberin dazustehen, halte ich angesichts des Sittenverfalls um mich herum meinen Mund. Alle haben so einen Spaß, da muss ich mich ja nicht anstellen.

»Mama«, fragt Töchterchen und lässt die Hand mit der Keule sinken. »Was machst du da?«

»Ich esse Hühnchen, das siehst du doch.«

»Aber warum mit Messer und Gabel?«, fragt Sohnemann. »Das ist doch total unpraktisch.«

»Vielleicht«, sage ich gestelzt, »aber es ist auf jeden Fall höflicher so.« Ich schiebe mir vornehm ein Stück Fleisch in den Mund und werfe einen strafenden Blick in Richtung meines Mannes, der gerade den gesamten Unterschenkel zum Abzausen zwischen den Backenzähnen versenkt. »Chicken Wings darf man auch im Restaurant mit den Händen essen«, behauptet der frech, als er den abgenagten Knochen wieder aus seinem Rachenraum gezogen hat.

»Und mit Restaurant meinst du Kentucky Fried Chicken«, gebe ich spöttisch zurück.

»Nein«, sagt mein Mann. »In *allen* Restaurants dürfen Chicken Wings mit der Hand gegessen werden.« Er wischt sich die Finger an einem Papiertuch ab (immerhin! Halleluja!) und fummelt sein Handy aus der Hosentasche. »Hier«, sagt er und zeigt mir den entsprechenden Knigge-Eintrag im Internet.

»Grundsätzlich wird Hähnchen mit Messer und Gabel gegessen«, lese ich triumphierend vor. Mein Mann reißt mir das Handy weg. »Es sei denn ...«, trumpft er auf und zählt die Ausnahmen auf: Wenn das Huhn Papiermanschette trägt. Oder wenn eine Fingerschale oder Erfrischungstücher bereitstehen, mit denen man die Finger säubern kann.

»Aber unser Huhn trägt weder eine Papiermanschette, noch steht hier eine Fingerschale bereit«, sage ich.

»Das wäre ja wohl auch übertrieben bei uns im Garten«, stellt mein Mann ungerührt fest. »Wir essen trotzdem mit den Fingern, oder, Kinder?«

»Ja-haaa«, krähen sie. Natürlich. Erst legt er die Knigge-Regeln total eigenmächtig aus, und dann holt er sich Verstärkung beim Nachwuchs.

»Ja ja, schon gut«, brumme ich. »Macht doch, wenn ihr es so wollt.«

Die Kinder sind pappsatt und stehen auf, verschmiert, aber glücklich. Am Gartenwasserhahn waschen sie sich die Finger und spritzen sich gegenseitig nass. »Willst du nicht mal was sagen?«, mahne ich meinen Mann, leicht genervt, dass ich hier offensichtlich alleine die Fahne der pädagogischen Verantwortung hochhalten muss.

»Wieso? *Ich* habe ihnen doch schon gezeigt, wie man richtig Hähnchen isst«, gibt mein Mann spitz zurück, woraufhin ich einen lauten Tadel-Seufzer ablasse, meine Spezialität in der Kunst subtiler Kritik am Ehegatten. Wobei ich den Eindruck habe, dass die Kritik eventuell doch etwas *zu* subtil ist. Jedenfalls gibt er sich völlig unbeeindruckt. Und so kommt es, dass wir beide nichts sagen und die Kinder machen lassen, bis einer anfängt zu schreien, weil er viel nasser geworden ist als der andere, und dann das Drama eines Streits unter Geschwistern seinen ohrenbetäubenden (und in diesem Fall ziemlich feuchten) Lauf nimmt. Für einen Richterspruch kommen sie angerannt, der hat dies und die hat das, das typische Durcheinander, in dem kein Schuldiger auszumachen ist.

»Geht euch was Trockenes anziehen«, kommandiere ich knapp. Murrend verschwinden sie nach drinnen. Wir essen weiter. Eine beklemmende Ruhe hat sich über den Tisch gelegt, gelegentlich unterbrochen von Geschirrklappern (von mir) und seltsamen Essgeräuschen (von meinem Mann natürlich). Es klingt, als kaue er richtig auf dem *Knorpel* rum. Die Knochen, die auf seinem Teller liegen, sind jedenfalls so blank abgenagt, als hätte sich nach einem Rudel Wölfe noch eine Kolonie Ameisen darüber hergemacht. Mich schüttelt es, und ich bemühe mich, nicht hinzuschauen, während ich saubere kleine Stücke aus dem Schenkel säbele und gewissenhaft kaue. Dann bemerke ich, dass mein Mann mich beobachtet. »Was ist?«, frage ich.

»Du lässt die Hälfte dran«, stellt er fest.

»Du kannst sie gerne abnagen, wenn du willst«, schlage ich vor.

»Bin ich dein Hund, oder was?«, gibt er leicht gereizt zurück.

»Nein«, sage ich gestelzt. »Ein Hund würde mich nämlich vielleicht *anbetteln*, aber nicht andauernd anmeckern.«

»Phhh!«, macht er. »Ein Hund würde dir aber auch kein schönes Hähnchen grillen.«

»Nur zu deiner Information: Ein *schönes* Hähnchen hat meiner Meinung nach nicht dieses ganze Zeug dran, diese Sehnen und Knorpel und … uargh … Blutgefäße und all das andere unappetitliche Zubehör.«

Er stöhnt. Und zwar kein bisschen subtil! Nein, geradezu unverschämt aufdringlich. Also wirklich! Und dann wird er noch direkter und sagt: »Meine Güte, bist du etepetete.«

»Ha! Ich bin ja wohl kein bisschen etepetete«, widerspreche ich. »*Wählerisch* vielleicht, aber doch nicht *etepetete*!« Ich versuche, mit der Gabel noch ein paar Fetzen gutes Fleisch abzuziehen, und komme mir auf einmal doch ziemlich mies vor, dass ich so viel dranlasse, was weniger zart besaitete Gemüter mit Vergnügen verschnabulieren würden. Betrübt betrachte ich meinen Teller und muss zugeben, dass das schon eine ziemliche Verschwendung ist. Deswegen gebe ich meinen widerborstigen Ton auf und frage ganz nett:

»Und wenn ich bittebitte sage, grillst du mir demnächst zur Abwechslung mal ein Hähnchenbrustfilet?«

»Ein Filet?«, ruft er erschrocken.

»Ja. Was ist daran so schlimm?«

»Nichts. Aber… erstens passt das nicht in meinen Keulenhalter, und zweitens ist das echt schwer zu grillen, weil das so schnell trocken wird!«

»Vielleicht gibt es ja auch einen Hühnerbrusthalter«, locke ich ihn. »Mit dem das ganz einfach geht.«

Er schüttelt den Kopf.

»Außerdem liebst du doch Herausforderungen. Hast du jedenfalls damals bei deiner Bewerbung behauptet.«

»Stimmt«, grinst er und überlegt einen Moment. »Also gut. Ich werde dir das nächste Mal ein schönes Filet grillen und mir was einfallen lassen, damit es nicht so trocken wird.«

Mit *Einfallen lassen* meint er übrigens, im Internet recherchieren. Ich bin gespannt, was dabei rauskommt!

Rubben, Brinen & Moppen

Kleine Einführung ins Grillchinesisch

Mein Mann hat eine neue Sprache gelernt: Grillchinesisch. Das ist ähnlich kompliziert, wie wenn die Kinder über ihre Computerspiele sprechen und ich nicht die Bohne verstehe. Ich komme mir jedenfalls langsam fremd vor in meinem eigenen Haus, als mein Mann vor mir steht und mir freudestrahlend verkündet, dass er eine Lösung für das Trockene-Hähnchenbrust-Problem gefunden hat. »Ich werde die Brust *brreinen* und danach *rrrabben*«, knödelt er. Ich starre ihn einen Moment an, um vielleicht doch noch zu begreifen, was er da von sich gegeben hat. Keine Chance.

»*Was* machst du?«

Es stellt sich raus, dass er Brinen und Rubben gesagt hat. Das Grillchinesisch ist in dem Fall also Englisch. Rubben bedeutet so viel wie »mit trockener Gewürzmischung einreiben«. Und Brinen heißt, das Grillgut in Salzlake einlegen.

»Also marinieren?«, frage ich.

»Nicht *marinieren*«, berichtigt mich mein Mann großspurig. »Eine Marinade ist ja nur dafür da, Geschmack zu bringen. Das Brining bewirkt, dass sich das Fleisch mit Wasser vollsaugt und dann saftiger bleibt.«

»Aha.«

»In der Brine bleibt es für einen Tag, dann wird es trocken getupft und gerubbt. Und dann kommt es auf den Grill.«

»Aha.«

»Vielleicht werde ich es auch noch moppen«, sagt er dann. »Aber ich glaube nicht, weil das Brinen und das Rubben ja ausreicht.«

Ich seufze. »Und was ist Moppen jetzt bitte schön?«

»Das bedeutet, das Grillgut während des Garens immer wieder mit einer Soße zu bestreichen.« Weil man in Amerika früher schon mal ganze Rinder gegrillt hat, hat man dafür tatsächlich einen Wischmopp benutzt. Daher der Begriff. Jeden Tag lerne ich mehr seltsame Vokabeln. (Und kann mich davon überzeugen, dass es sogar funktioniert: Die gebrinte und gerubbte Hühnerbrust schmeckt jedenfalls super! Und gar nicht trocken!)

Als mein Mann ein andermal mit Rippchen nach Hause kommt, offenbart er mir: »Ich muss noch die Silberhaut parieren.«

»Ich kenne nur Orangenhaut«, erwidere ich ungerührt. »Ich sehe aber keine Orangenhaut hier, das sind ja eh nur Knochen.«

»Nein.« Er lächelt überheblich. »Die Silberhaut nennt man auch Faszien. Oder Membran. Das ist das hier.« Er deutet auf den weißen zähen Überzug auf einer Seite der Rippchen, den er mit Hilfe eines Milchkaffeelöffels abzieht. »Die Silberhaut zieht sich sonst beim Grillen zusammen, so dass sich sogar die Rippchen verbiegen«, keucht er. »Die muss auf jeden Fall ab.«

Ich komme aus dem Staunen nicht mehr raus. Ist das der Mann, der noch vor wenigen Wochen mit Begeisterung das paprikagetünchte Gammelfleisch aus dem Kühlregal auf den Grill geschmissen hat? Der jetzt mit Begriffen wie Griddle (Grillplatte) und Sizzel-Zone (Infrarotbrenner, auf dem sich Temperaturen über achthundert Grad erreichen lassen) und Dutch Oven (gusseiserner Feuertopf) um sich wirft und neuerdings andauernd von Jehova spricht?

»Wie, Jehova?«, frage ich.

»Ach, das ist ein Grillfachausdruck«, sagt er.

»Aber *wofür*?«

Er sucht eine bestimmte Seite im Forum des Grillsportvereins und zeigt mir die Steinigungsszene aus *Das Leben des Brian*, wo alle, die Jehova sagen, gesteinigt werden. Die ist natürlich extrem lustig, aber…

»Was hat das denn mit Grillen zu tun?«, frage ich entgeistert.

»Nichts«, gibt er zu. »Aber irgendjemand ist darauf gekommen, dass, wenn man Alufolie sagt, man fast gesteinigt wird, weil es heute ja quasi schon ein Verbrechen gegen die Menschlichkeit ist, welche zu benutzen.«

»Ist es ja auch«, sage ich.

»Na siehst du. Und damit man das Wort Alufolie nicht benutzen muss, sagt der Griller eben Jehova dazu.«

Ein seltsames Völkchen, diese Griller, also wirklich. Trotzdem irgendwie sympathisch. Wenn man weiß, wovon sie reden jedenfalls.

MIT BACON
WIRD ALLES GUT

Ich, allein unter Grillheinis

Ich habe meinem Mann zum Hochzeitstag einen Gutschein für ein Grillseminar geschenkt. Leider überrascht er mich mit etwas, was er ganz selten tut: Er wird krank. Und zwar so spät, dass wir das Seminar nicht mehr absagen können. »Geh du für mich hin«, haucht er mit letzter Kraft aus seinem Krankenlager, auf das ihn die Sommergrippe gezwungen hat.

»Ich?«, frage ich dümmlich. »Was soll ich denn da?«

»Na, grillen lernen. Du siehst doch jetzt, du kannst dich nicht drauf verlassen, dass ich es immer mache.« Er schnäuzt sich theatralisch und untersucht skeptisch sein Nasenprodukt auf todbringende Symptome.

»Ich weiß nicht«, sage ich. »Willst du nicht Marcel fragen?«

»Hab ich schon. Er meinte, zu einem Grillseminar würde er nur gehen, wenn er es selbst leitet.«

»Na klar«, pruste ich. Und grübele ein bisschen: Das Seminar hat nämlich stolze neunundachtzig Euro gekostet. »Also gut«, seufze ich. »Dann fahre ich halt da hin.«

»Die machen T-Bone-Steak in Biermarinade«, keucht mein Mann. »Iss eines für mich mit.«

Ganz plötzlich bin ich nervös. Ich auf einem Grillseminar? Ganz allein unter all den … *Grillheinis*? Und komplett *ahnungslos*? Ich meine, das eine Mal, wo ich am Grill stand, war knapp am Desaster vorbei. Und richtiges Fleisch habe ich ja auch nicht gegrillt, nur Gemüse und Bohnenbuletten. Aber na gut. Ein bisschen Fortbildung kann sicher nicht schaden. Und erstens ist es ein Basisseminar, da werden die ja wohl auf so Amateure wie mich Rücksicht nehmen, und zweitens ist das Leben allgemein ein Risiko, dem man nicht mal entgehen kann, wenn man zu Hause auf dem Sofa sitzt. Dann kann es nämlich passieren, dass man plötzlich in *Promi Big Brother* reinzappt und fasziniert vor Entsetzen hängenbleibt und fortan mit Einsichten in die atomaren Ausmaße geistigen und moralischen Verfalls leben muss, inklusive Intimrasur.

Ich also mit dem Auto zur Grillschule, die in einer umgebauten Fabrikhalle untergebracht ist. Vor der Tür lungern schon einige Leute rum, ein paar Frauen sind auch dabei. Gottlob! Ich bin nicht die Einzige.

»Hallo«, grüße ich in die Runde, werde aber kaum wahrgenommen, denn in dem Moment kommt ein Porsche angeknattert, der nicht nach hinten auf den Schotterparkplatz fährt, sondern direkt vor dem Eingang hält. Ein dünner Typ, dessen Gesichtsfarbe mit seinem knallroten Hemd harmoniert, springt raus. »Ist das hier der Veganertreff?«, dröhnt er gut gelaunt und schiebt seine Pilotenbrille in das kurz geschorene Haupthaar. Das Lachen ertönt nur spärlich. Der Griller zeigt sich allgemein reserviert angesichts dümmlicher Kalauer.

Doch die Reserviertheit wird den Teilnehmern noch ausgetrieben, denn auch der Kursleiter, ein Glatzkopf mit Brille und Hemd mit Logo des Veranstalters, entpuppt sich als echter Spaßvogel, der mit seinem aufgekratzten Ton sofort klarmacht, dass Zwangslustigkeit Programmpunkt Nummer eins ist. Dabei bedient er sich der typisch Kölschen Humorvariante, die auf dem schmalen Grat zwischen nervtötender Heiterkeit und unverschämtem Anpflaumen balanciert. Als Erstes heizt er die Stimmung unter den etwa dreißig Teilnehmern an, indem er enthusiastisches Gebrüll auf die Frage »Habt ihr Bock zu grillen?« einfordert. Ein Trupp Versicherungsvertreter, die im Kollektiv erschienen sind und schon die ersten Biere intus haben, hilft, die Lautstärke so hochzutreiben, dass der Kursleiter zufrieden ist. Als Nächstes werden wir dazu verdonnert, Brot zu essen. Keine Ahnung, warum. Vielleicht, damit wir nicht vor Hunger geschwächt über das rohe Fleisch herfallen, das auf einem langen Küchenblock aufgebaut ist. Jedenfalls droht der Kursleiter jedem, der sich keine Scheibe Brot genommen und in Öl getunkt hat, dass er nicht mitmachen dürfe. Dann zieht er sich schwarze Gummihandschuhe an und verkündet großspurig, dass wir nach dem heutigen Tag unsere Grillgewohnheiten komplett umstellen werden. Da er sich nicht nach unseren bisherigen Grillgewohnheiten erkundigt hat (zum Beispiel keine, wie bei mir), halte ich diese Anmerkung für verwegen. Aber mich fragt ja keiner.

Ohne weitere Umschweife geht es ans Aufgabenverteilen. Es gibt drei Fleischgänge (Bratwurst, Hähnchen, Steak) und drei Gemüsegänge (gefüllte Tomaten, Grillgemüse, Kartoffeln), die vorbereitet werden müssen. Man soll sich melden, welche Aufgabe man übernehmen möchte. »Die, die nachher keine Aufgabe haben, kriegen von mir eine aufs Auge gedrückt, höhöhö«, verkündet der Glatzkopf.

Ich würde mich ja gerne mit dem Steak beschäftigen, weil ich das noch nie gemacht habe. Und weil das natürlich hier die Königsklasse ist. Aber ich zögere einen Moment zu lange, und schwupps haben sich der Porschemann und noch ein anderer Typ das T-Bone-Steak unter den Nagel gerissen. Ich weiß nicht, wieso, aber irgendwie bin ich bei allem, was interessant ist, zu zurückhaltend, und dann sind wir auch schon bei den Gemüsegängen angekommen. Ich erwäge kurz, mich komplett rauszuhalten und bei gar nichts zu helfen, aber die Drohung des penetrant-lustigen Kursleiters lässt mich bei der letzten Aufgabe die Hand heben. So lande ich also… bei den Kartoffeln. Na toll! Grillseminar für neunzig Euro und dann schnöde Kartoffeln schnippeln. Wie doof ist das denn? Aber ich bin nicht alleine mit meiner verhängnisvollen Zurückhaltung. Denn erstens stellt sich plötzlich raus, dass der Kursleiter in Wirklichkeit nur der *Co*-Kursleiter ist, gleichberechtigt neben einer Grillmeisterin. Da die aber weder die Begrüßung noch sonst ein Bohei gemacht und zudem nur die Gemüsezubereitung erklärt hat, wirkt sie eher wie seine Assistentin. Und damit zeigt sich auch in diesem Kurs nicht nur *hinter*, sondern auch *vor* der Arbeitsplatte die typische Rollenverteilung: die Männer wichtig am Fleisch, die Frauen fleißig am Gemüse. Und plötzlich rege ich mich auf. Dieses ganze Grillthema zeigt nämlich vor allem eins: dass hundert Jahre Frauenbewegung ja so gar nichts gebracht haben! Emanzipation ist pure Einbildung! Da können sich die Frauen noch so sehr für gleichberechtigt halten – am Ende landen sie doch bei den Kartoffeln. Also wirklich. Von meinem Hass auf Geschlechterklischees übermannt schneide ich grimmig einen Berg Kartoffeln und fülle sie in einen Aluschlauch, wobei ich immer wieder zu den Männern schiele, die mit viel Hallo Bier über das Steak (und in ihren Hals) schütten. Es brodelt in mir. Aber wie sagt man so schön: Selbsterkenntnis ist der erste Weg zur Rache. Und ich werde hier und heute noch beweisen, dass wir Frauen uns nicht mit den Nachtschattengewächsen abspeisen lassen, sondern dass wir auch an die Spitze der Nahrungskette gehören!

»Da müssen noch mehr Zwiebeln an die Kartoffeln«, weist mich der *Co*-Kursleiter an und fuchtelt mit seinem Zeigefinger über meinem Kartoffelberg rum.

»Okay«, sagt die Frau neben mir und will sich emsig eine Zwiebel greifen, aber aus einem Reflex lege ich ihr die Hand auf den Arm, schaue dem Kursleiter fest in die Augen und sage mit meiner besten Bis-hierher-und-nicht-weiter-Stimme: »Da sind genug Zwiebeln drin.«

Der Kursleiter sieht mich erstaunt an. Dann nickt er verschmitzt. »Ach, ich weiß schon, warum ihr Frauen die nicht drin haben wollt.« Er macht mit den Backen ein Furzgeräusch und spaziert selbstgefällig lachend nach draußen zu den Grills, wo ihn die Meute Versicherungsvertreter johlend empfängt.

Emanzipation ist ein dreckiges Geschäft.

Als wir Mädels auch endlich mit den Beilagen fertig sind, geht die Veranstaltung auf der Terrasse weiter. Wie sich herausstellt, heißt Grillseminar nicht, dass man selbst grillen darf. Oder dass man gezeigt bekommt, wie ein Gasgrill im Einzelnen funktioniert. Oder überhaupt *angeht*. Fast hundert Tacken für so eine Veranstaltung, und ich bin nachher genauso doof (und unemanzipiert) wie vorher! Na ja. Es scheint niemand anderen zu stören, dass die Informationen weitaus spärlicher verabreicht werden als die Getränke, die alle im Preis enthalten sind. Weswegen ich den Eindruck habe, dass manche versuchen, ihre Teilnehmergebühr mit alkoholischen Flüssigkeiten wieder reinzuholen. Auf jeden

Fall stehen wir jetzt vor den eindrucksvollen Grills, alle von derselben Marke wie die Schürzen, die wir geschenkt bekommen haben und die uns jetzt schon als Grillkönige ausweisen (Great Barbecues every time!). Die anderen Kursteilnehmer bemühen sich, reichlich fachmännisch auf die bullernden Grills zu gucken, auf denen die Hähnchenbrust, die Tomaten und die Kartoffeln liegen, weit weg von den Brennern, der Zauber der indirekten Hitze. Jetzt gibt es doch was zu lernen, nämlich dass das Kollagen im Fleisch bei über 160 Grad einen üblen Hitzetod erleidet und sich zusammenzieht und das Fleisch zäh und trocken macht. Und dass Bacon so eine Art Wundermittel ist, weil er dem Geschmack auf die Sprünge hilft und auch trockene Hühnerbrüste und Fisch saftig hält. »Merkt euch das: Mit Bacon wird alles gut«, ruft der *Co*-Kursleiter theatralisch. Damit sind die Weisheiten auch schon verteilt, und es geht an den Höhepunkt des Seminars: das Grillen der T-Bone-Steaks. Die werden nämlich jetzt live und in Farbe auf den Grill gelegt. Mit geübten Bewegungen grillt der Co-Kursleiter das erste Steak, dann hält er die Grillzange hoch und fragt: »Wer will?«

Und da schreit jemand mit fast überschlagender Stimme: »Ich!« Und dieser jemand bin ich.

»Oha«, sagt der Co-Kursleiter, »na, da will aber eine wirklich! Das hatten wir noch nie. Du bist die erste Frau, die sich das traut! Applaus!«

Ach du liebes bisschen. Das hat man davon, wenn man versucht, die Rollenklischees zu durchbrechen: Auf einmal steht man im Mittelpunkt. Alle schauen aufmerksam zu, wie ich mit zitternden Händen die Grillzange greife. In meinem Kopf rauscht es vor Aufregung. Die Versicherungsvertreter kichern, und ich würde ihnen gerne eine Kartoffel an den Kopf werfen. Fast flutscht mir das Steak durch die Zange, weil es schwerer ist als vermutet. Ich packe die Zange mit beiden Händen und schleife es mehr oder weniger auf den Rost. Gerade noch mal gut gegangen. Der Co-Kursleiter nickt erstaunlich zufrieden, als ich den Deckel schließe, dann wendet er sich wieder mit ein paar lauen Sprüchen an sein Publikum und zieht die Aufmerksamkeit sofort auf sich. Es hat auch Vorteile, dass sich manche Männer immer in den Vordergrund drängen. So kann ich mich dann doch in Ruhe meinem Steak widmen. Und schließlich liegt er auf dem Teller: der sauber gegrillte kleine Sieg für die Frauen. Und sogar mit Steakmuster!

Die Grillschürzen-
spassindustrie

Humor ist, wenn
es trotzdem kracht

Mein Mann sitzt mit dem Tablet auf dem Sofa und überrascht mich mit dem Satz:

*»Wenn man sein Gewicht halten will,
muss man auch mal grillen,
wenn man keinen Hunger hat.«*

»Um Gottes willen!«, entfährt es mir. »Wir können doch
nicht *noch öfter* grillen, als wir es sowieso schon tun.«

Er antwortet nicht, sondern wischt mit einem Schmunzeln im Gesicht über das Tablet.

»Oder?«, frage ich. »Du willst doch nicht wirklich noch
öfter grillen?«

»Nee«, murmelt er. »Aber hör dir das mal an:

*Spinat schmeckt am besten,
wenn man ihn kurz vor dem Verzehr
durch ein großes Steak ersetzt.«*

Er lacht zufrieden.

»Was machst du da?«, frage ich irritiert. »Ist das so was wie eine Barbecue-Witzsammlung?«

»So was in der Art.«

Ich beuge mich rüber, schiele ihm über die Schulter und sehe, was er da in Wirklichkeit recherchiert. Also wirklich! Obwohl ich gelernt habe, dass spätestens beim T-Bone-Steak der Spaß aufhört, scheint der gemeine Griller es ziemlich darauf anzulegen, sich in der Öffentlichkeit als Ulknudel zu präsentieren. Hinter den Rauchwolken hat sich nämlich offensichtlich eine Grill-Comedyszene von solch gigantischen Ausmaßen gebildet, dass man fast von einer Subkultur sprechen kann. Damit der Griller aber auch als Humorist gelten kann, wenn er die Backen voll Wurst hat, sendet er seine Botschaft stumm in die Welt hinaus: mittels seiner Scherzschürze.

Denn was mein Mann da vorgelesen hat, sind nichts anderes als Schürzenaufdrucke für den Grilloholic. An der Grillschürze arbeiten sich offensichtlich ganze Heerscharen von Spaßvögeln ab! Vermutlich ist das ein einträgliches Geschäft für geschasste Comedy-Autoren. Ich lese Sprüche wie:

Alle sitzen im Garten und chillen, außer Papa, der muss grillen.

Grill Wars – möge die Glut mit dir sein.

Man(n) findet keine Freunde mit Salat.

Grillen ohne Bier ist möglich, aber nicht sinnvoll.

Auch wenn du deinen Namen tanzen kannst, hier grill ich!

»Du willst dir eine Schürze zulegen?«, frage ich. »Wirklich?«

Er zuckt mit den Schultern. »Ist schon praktisch«, sagt er. »Du hast ja auch eine fürs Kochen. Haha! Der ist gut:

Nein, ich bin nicht dick. Ich habe
nur mein Speckdrumm erweitert.«

Es dauert einen Moment, bis auch ich den Witz verstanden habe. »Die passt doch noch besser«, rufe ich,

»Achtung, Mann kocht. Schon mal
den Reinigungstrupp bestellen!«

Mein Mann lacht.
»Das ist nicht witzig«, tadele ich gespielt streng.
»Haha, die Schürze ist auch gut.

Bin am Grillen! Keine Tipps!
Bier bringen! Abflug!«,

sagt er. »Oder die hier:

Meine Grillgesetze:
Finger weg vom Grill!
Finger weg vom Fleisch!
Finger weg von meinem Bier!
Ich grille kein Gemüse!«

Er lacht begeistert.
»Das finde ich überhaupt nicht witzig.«
»Du bist ja auch eine Frau.«

»Hä? Was soll das denn heißen?«, brause ich auf. »Soll das heißen, Frauen hätten keinen Humor?«

»Nein«, sagt er gedehnt, »das soll heißen, Frauen haben *Frauenhumor,* und Männer haben *Männerhumor.*«

»Ich wusste gar nicht, dass du neuerdings auch ein Scherz-Experte bist«, antworte ich spitz.

»Abgesehen davon«, er zeigt mit dem Finger auf die Schürzen, »sind diese Grillgesetze gar kein Scherz, sondern purer Barbecue-Ernst!«

Ich hatte es fast befürchtet, sage aber nichts mehr. Er besser auch nicht. Wenn er nämlich so weitermacht, kracht es gleich. Ich hoffe nur, dass er nicht demnächst wirklich mit so einer dämlichen Schürze rumläuft, sonst könnte es einen kleinen Zwischenfall in der Waschmaschine geben, bei dem der Aufdruck sich mysteriöserweise ablöst. Zum Glück entscheidet mein Mann sich am Ende dann doch richtig. Für etwas, das wie die Lederschürze eines brasilianischen Gauchos aussieht. Eigentlich ziemlich lächerlich in einem Kölner Reihenhausgarten. Wenn da nur nicht sein stolzer Gesichtsausdruck wäre. Außerdem weiß ich ja jetzt: Es hätte viel schlimmer kommen können!

HIMMELFAHRTSKOMMANDO

Vatertagsfreuden für alle!

Mit manchen Traditionen stimmt was nicht. Zum Beispiel Muttertag. Am Muttertag verköstigt die Mutter die Familie mit Kuchen und Kaffee, um sich danach mit einem Blümchen für die ganze Arbeit bedanken zu lassen, bevor sie in die Küche geschickt wird, um das Abendessen vorzubereiten. An Vatertag hauen die Väter ab und besaufen sich, um sich danach von der Ehefrau pflegen zu lassen. Wo bleibt da die Gerechtigkeit in Sachen Spaß?

Mein Mann starrt mich mit leerem Blick an, als ich ihm kurz nach Muttertag diese himmelfahrtsschreiende Diskriminierung erläutere. »Dann fahr doch nächstes Jahr an Muttertag auch mit den anderen Müttern weg«, schlägt er vor. »Ist doch deine Sache!«

»Ja, und was sagen die Kinder, wenn sie mit ihren selbst gebastelten Herzen kommen und ich kaum noch gehen kann und stinke wie ein Schnapsfass?« Ich werfe ihm einen vorwurfsvollen Blick zu, um ihn an den Vatertag vom letzten Jahr zu erinnern. Die Kinder waren ziemlich verstört von dem Anblick, der Sohnemann dazu brachte zu fragen: »Papa, bist du alkoholsüchtig?« Und Töchterchen kommentierte kichernd: »Guck mal, wie der Papa torkelt.« Mehrere Tage lang hatten sie Parodien von ihm vorgeführt, was meinem Mann dann doch ziemlich unangenehm gewesen war.

»Ganz einfach«, antwortet er jetzt. »Die Kinder werden gar nichts sagen, weil sie es nicht mitbekommen. Weil *ich* sie nämlich geschickt ablenke. Was *du* ja letztes Jahr auch hättest machen können.«

Ich fixiere ihn, die leichte Verdichtung der Atmosphäre registrierend, bleibe aber stumm. »Auf jeden Fall«, sage ich und lasse einfach die Bombe platzen, »habe ich uns verabredet.«

»Am Vatertag?«, ruft er entsetzt.

»Ja. Nora und ich waren uns einig, dass es eine schöne Abwechslung wäre, wenn die Kinder am Vatertag ihren Vater auch mal zu Gesicht bekommen würden.« Nora ist eine ehemalige Kollegin (und fast Freundin) von mir, und ihr Mann Peter gehört zum traditionellen Vatertagstrupp meines Mannes. »Und Holger und Familie kommen auch«, sage ich.

»Wohin?«, fragt mein Mann mürrisch.

»Das Beste daran weißt du ja noch gar nicht! Wir grillen nämlich!«

Sein Gesicht hellt sich etwas auf. »Aber mit so vielen Leuten passen wir doch gar nicht in unseren Garten«, gibt er zu bedenken.

»Ich weiß«, sage ich fröhlich. »Deswegen grillen wir ja auch in der Rheinaue! Da ist doch dieser schöne Grillplatz direkt am Ufer von dem kleinen See.«

»Ach, ich weiß nicht.«

»Da haben die Kinder ganz viel Platz zum Spielen«, argumentiere ich und wedele enthusiastisch mit den Armen. »Wir nehmen einen Fußball mit und Frisbee und Federball. Und natürlich auch jede Menge Bier und Sekt. Das wird super!«

Er setzt sein Grummelbrummelpapa-Gesicht auf und fragt: »Können wir das noch absagen?«

»Nein. Auf gar keinen Fall. Das wird einfach ganz toll!«

Mein Mann seufzt. »Na gut.«

Seine mangelnde Begeisterung mache ich mit totaler Euphorie wett. Endlich ist Schluss damit, dass die Väter alleine ihren Spaß haben! Jetzt dürfen alle mitmachen! Wer sagt denn, dass man Traditionen nicht ändern kann?

Und es passt alles: Die Wettervorhersage ist blendend, es ist genau abgesprochen, wer was mitbringt, und den zweiten Federballschläger habe ich auch gefunden. Dann fällt mir zwei Tage vor dem weltverändernden Event siedend heiß etwas ein, was meine Zuversicht ziemlich ausbremst. Nämlich der Nachteil von öffentlichen Grillplätzen. Wie mir jetzt erst klar wird, ist das Dumme an öffentlichen Grillplätzen, dass sie tatsächlich … *öffentlich* sind. Für jedermann zugänglich also. Und dass die Devise gilt: Wer zuerst kommt, grillt zuerst. Was bedeuten könnte, dass eventuell auch andere auf die Idee kommen, den Feiertag an dem malerischen See im Grünen zu verbringen und uns den Grillplatz vor der Nase wegschnappen. Das wäre natürlich eine ziemlich miese Wendung der Ereignisse. Nicht nur, weil damit unser ganzer schöner Plan ins Wasser fiele, sondern auch, weil mein Mann vermutlich ziemlich sauer auf mich sein würde. Und das Blödeste daran wäre, dass er damit sogar ein bisschen recht hätte. Katastrophe!

Aber ich kenne mich. Ich neige nämlich dazu, mir andauernd *vorsorglich* Sorgen zu machen, die sich im Nachhinein als völlig unnötig herausstellen. Und ich nehme mir mit dem heutigen Tag vor, das endlich zu ändern. Deswegen verdränge ich den Gedanken daran, was wir machen werden, wenn der Grillplatz schon besetzt ist. Genau. Es wird sich schon eine Lösung finden. Wie zum Beispiel, dass wir grillplatzlos in der Rheinaue rumirren, vollgepackt mit verderblichen Fressalien und quengelnden Kindern.

Okaaaaay.

Ich *arbeite* noch daran, mir keine Sorgen über Dinge zu machen, die noch gar nicht passiert sind. Im Moment gelingt mir das nicht besonders gut. Ich schwelge geradezu in allerlei düsteren Gedanken, die ich natürlich niemandem anvertraue, weil ich sonst wieder als neurotisch und uncool rüberkomme. Mit »niemandem« meine ich insbesondere meinen Mann. Der würde nämlich glatt antworten, super, dann sagen wir alles ab, ist eh eine Schwachsinnsidee. Und dann zieht er an Christi Himmelfahrt mit seinen Kumpels los und veranstaltet Unsinn, den ich dann am Ende wieder ausbaden muss. Nee, das mit dem Grillplatz muss einfach klappen. Schade aber auch, dass wir keine Oma haben, die wir in aller Herrgottsfrühe in den Rheinauen parken können, damit sie uns den Platz freihält. Meine Schwiegereltern sollte man so was besser nicht fragen; die würden das zwar glatt machen, aber dann nicht einsehen, warum sie nach Hause gehen sollen, wenn der Spaß anfängt. Also gut. Ich muss es mal wieder selbst in die Hand nehmen. Es bleibt mir ja nichts anderes übrig.

EINKAUFEN

Brezeln
Chips
Bier
Sekt
Stichsalbe
Pflaster
Frisbeescheibe

Ein echtes Pony!

DER FRÜHE VOGEL FÄNGT DIE WURST

Kampfzone öffentlicher Grillplatz

Es kommt Christi Himmelfahrt. Ich bin nervös. Dieser Nervosität begegne ich gerne mit guter Planung. Und die sieht Folgendes vor:

1. Optimales Zeitmanagement

Wie werden einfach so früh aufbrechen, dass wir uns den Platz auf jeden Fall sichern. Was ist schon gegen frühes Aufstehen an einem Feiertag einzuwenden, wenn man dafür länger Spaß haben kann?

2. Vorausschauendes Packen

Ich habe mir eine lange Liste gemacht mit Dingen, die wir mitnehmen müssen, darunter auch einige kniffelige, aber unverzichtbare Sachen, die mir beim Hervorzaubern nachher Lob von allen Seiten einbringen werden. Dazu gehören eine Menge Kühlakkus für die Kühlbox, Knabberzeug, Salz und Pfeffer, Küchenrolle, Müllbeutel, die Erste-Hilfe-Box und natürlich feuchtes Klopapier. Dazu gehört nicht ein echtes Pony, wie Töchterchen aber meint.

Leider wird meine straffe Organisation direkt am Morgen des Feiertags torpediert. Mein Mann liegt wie erschlagen im Bett. Ich lasse den Wecker extra so lange klingeln, bis er diesen hektischen Pipipipiep-Pipipipiep-Schrillton ausstößt, der mir derart den Blutdruck in die Höhe treibt, dass ich nur aus dem Bett springen kann. Mein Mann aber zeigt sich völlig unempfänglich für diese akustische Dringlichkeit. Er grunzt und dreht sich zur Seite um. Als hätte er gestern nicht zustimmend »mmmhhh« gemurmelt, als ich ihn gefragt hatte, ob acht Uhr eine gute Zeit zum Aufstehen wäre!

»Hey«, sage ich und bemühe mich um meinen schönsten Ach-sieh-nur-das-herrliche-Wetter-Tonfall, der normalerweise sofortigen Aktivitätsdrang auslösen sollte. »Alles Gute zum Vatertag.« Ich küsse ihn sanft auf die Wange. Er murmelt was, was wie Danke klingt, und rührt sich nicht.

»Wir wollten doch aufstehen«, erinnere ich ihn.

»*Wir* wollten überhaupt nicht aufstehen«, korrigiert er, ohne die Lider auch nur einen Millimeter zu heben. »*Du* wolltest aufstehen. *Ich* will schlafen.«

»Aber …«, fange ich an. »Wir sind doch verabredet.«

»Aber doch nicht *jetzt*.« Damit ist die Unterredung beendet. Er zieht sich die Decke über die Ohren und schnauft selig.

Gut, denke ich. Ich mache jetzt erst mal Kaffee und packe Würstchen, Grillsaucen und Getränke in die Kühlbox. Bis dahin ist er sicher ausgeschlafen. Wenn nicht, muss er halt trotzdem aufstehen. Also packe ich. Zwischendurch schicke ich die Kinder, die natürlich auch schon putzmunter rumspringen, nach oben, um ihren Papa aus dem Koma zu holen. Als sie wieder runterkommen, verkünden sie, dass er jetzt aufsteht. Ich bin erleichtert. Die Kinder trinken ihre Milch und essen einen Marmeladentoast. Ich verzichte auf Kaffee, weil ich mich sowieso schon aufgekratzt fühle, und nippe an einem Tee. Von oben sind keine Aktivitäten zu vermelden. Als ich ins Schlafzimmer komme, liegt mein

Mann im Bett und liest Nachrichten auf dem Handy. »Ich dachte, du stehst auf«, sage ich konsterniert.

»Tu ich ja.«

»Sieht mir aber nicht so aus.«

Er wischt über sein Handy. »Mach doch nicht jetzt schon Stress!«

»Ich mach keinen Stress«, behaupte ich. »Jedenfalls nicht, wenn du *jetzt endlich* voranmachst.« Er wirft mir einen langen Blick zu und murmelt etwas Unverständliches, und ich verlasse schnell den Raum, um diesen schönen Tag nicht mit einem handfesten Streit zu beginnen. Schließlich will ich ja meinem Mann beweisen, wie viel netter es ist, aus dem Vatertag einen Familientag zu machen.

Zwanzig Minuten später ist er unten. Leider können wir trotzdem nicht sofort aufbrechen, weil er erst noch Kaffee trinken muss. Die Kinder vertreiben sich die Zeit mit Fernsehen und ich mit dem Versuch, nicht zu platzen. Viertel vor elf ist es so weit, dass mein Mann verkündet, aufbrechen zu wollen. Jetzt müssen wir nur noch die Sendung von den Kindern abwarten, die »gleich« zu Ende ist. Um elf schalte ich gegen den lautstarken Protest der Kinder die Glotze aus. Wir steigen ins Auto. Es folgt das übliche Oh-ich-muss-doch-noch-mal-Pipi-Raus-Rein, und ich weiß, dass der Platz mittlerweile längst besetzt ist. Ich *weiß* es einfach! Endlich sind wir abfahrtbereit.

»So, alle Mann fertig für einen schönen Ausflug?«, ruft mein Mann, als er umständlich die Adresse ins Navi eingibt, obwohl er den Weg eigentlich kennen müsste.

»Jaaaaa«, krähen die Kinder.

»Gib Gummi«, murmel ich.

»Die Mama ist ein bisschen angespannt«, sagt mein Mann unerschüttert. »Und was machen wir dagegen?«

»Singen«, frohlockt Töchterchen. Mein Mann und die Kinder stimmen ein selbst gedichtetes Lied an über ein Huhn, das am laufenden Band Eier legt. Das Huhn, das legt ein Ei, Ei, Ei, danach dann sind es zwei, zwei, zwei, danach dann sind es drei, drei, drei, das Huhn, das sagt Au-wei, wei, wei. Ich muss grinsen. Das Lied ist zwar ausgesprochen nervig, aber die Geste zählt. »Danke«, sage ich. »Ihr seid süß.«

»Dann legt es Nummer vier, vier, vier«, schmettern sie im Gleichtakt, »und sagt, ich bin ein cooles Tier, Tier, Tier.« An dieser Stelle wird der Text ziemlich holperig, was meine Familie aber nicht davon abhält, weiter zu grölen. Bei Ei Nummer sieben bin ich geneigt, zu schreien. Und bei Nummer elf frage ich mich, ob es wirklich meine beste Idee war mit dem Ausflug und warum ich mich nicht einfach auf den Liegestuhl gelegt habe mit einer Klatschzeitschrift und einer Familienpackung *Gute Geister in Nuss* in Reichweite. Endlich kommen wir am Parkplatz an der Rheinaue an. Mit den anderen ist ausgemacht, dass wir uns am Grill-platz treffen. Wir steigen aus. »Eis«, schreien die Kinder angesichts des Kiosks gegenüber, der das Eisschild strategisch günstig präsentiert.

»Es ist viel zu früh für Eis«, sage ich diplomatisch.

»Für Eis ist es nie zu früh«, behauptet mein Mann pädagogisch desaströs. »Also, wer will ein Eis?«

»Ich!«, schreien die Kinder wie aus einem Mund.

»Das können wir doch später machen«, flehe ich. »Wir sollten jetzt sehen, dass wir zum Grillplatz kommen.«

»Heute ist Vatertag«, sagt Töchterchen. »An Vatertag darf nur Papa bestimmen.« Mein Mann nickt gewichtig. Ich gebe mich geschlagen. Die Kinder und mein Mann essen Eis. Mein Mann dokumentiert das Großereignis mit der Handykamera. Obwohl das Fest noch gar nicht begonnen hat, sind sie bereits bester Laune, stelle ich grimmig fest. Vielleicht sollte ich einfach schon mal einen Sekt aufmachen. Aber dann brechen wir endlich auf und schleppen Picknickrucksack, Kühlbox und die große Tasche mit den Spielsachen in Richtung Grillplatz. Es sind vielleicht achthundert Meter, wir stolpern über kleine Fußwege durch die weitläufige Parkanlage. »Los, dann hopp«, kommandiere ich.

»Entspann dich mal!«, sagt mein Mann.

»Ich entspanne mich, wenn wir an unserem Grillplatz sind.«

»Hoffentlich«, seufzt er. »Mit deiner Hektik gehst du mir nämlich ziemlich auf den Keks.«

Ich will gerade zurückgeben, dass mir seine Trödelei auch gewaltig auf den Zwirn geht und ich nicht halb so angespannt wäre, wenn er nicht so *verdammt locker* tun würde, da sehe ich von dem Weg gegenüber eine andere Familie, die auch mit Picknickausrüstung bewaffnet losgezogen ist. Ich wette, die wollen auch zu dem Grillplatz! Die Frau geht einige Schritte vor ihrem Mann, der mit seinem kleinen Sohn einen Bollerwagen zieht. Als sie uns bemerkt, dreht sie sich zu ihrem Mann um und ruft ihm was zu. Na warte, denke ich. Wir haben nämlich einen kleinen Vorsprung und werden den Abzweig Richtung Grillplatz früher erreichen als diese Grillplatzdiebe! Dafür dürfen wir natürlich keine Zeit mehr verlieren und müssen sofort einen strammen Schritt vorlegen. Wir kommen an einem Tümpel vorbei. Sohnemann entdeckt einen Frosch und macht Anstalten, sich hinzuhocken. »Forschen werden wir nachher bis zum Umfallen«, bestimme ich und zerre ihn weiter. Töchterchen hat einen Stein im Schuh. Sie will anhalten, um ihn rauszuholen.

»Nimm sie auf die Schulter«, sage ich zu meinem Mann und nehme ihm dafür den schweren Picknickrucksack ab. Mein Mann stemmt sie hoch.

»Los, Pferdchen, hüa!«, schreit Töchterchen begeistert. Mein Mann galoppiert los. Aber nach rechts auf den Hügel rauf! Anstatt nach links in den Weg zum Grillplatz! Sohnemann sprintet hinterher. Das darf doch nicht wahr sein! Haben die denn völlig den Verstand verloren, ausgerechnet *jetzt* so rumzukaspern? Offensichtlich. »Mama, guck mal, ein echtes Pony!«, schreit Töchterchen. Aber ich habe jetzt keine Zeit für kindliche Begeisterung. Ich muss uns notgedrungen den Grillplatz im Alleingang sichern. Keuchend lege ich einen Zahn zu. Bei der Konkurrenzfamilie von gegenüber gibt es ebenfalls einen kleinen Zwischenfall mit dem Bollerwagen, den der Vater dem tapsenden Sohn unvorsichtigerweise alleine überlassen und der ihn jetzt zu nahe an den Abhang bugsiert hat, wo er gerade abrutscht. Haha, freue ich mich, das war ja so klar, dass der Kleine damit überfordert ist. Ich verdränge jegliches Mitleid mit der Mutter, die total genervt guckt. Die sind schon mal aus dem Rennen! Bis die den Bollerwagen wieder auf Spur haben, bin ich schon lange angekommen. Doch als ich aus dem kleinen Wäldchen um die Ecke biege, sinkt meine Laune im Steilflug. Ich wusste es! Die ganze schöne Hektik umsonst!

Unser. Platz. Ist. Besetzt.

Eine Familie mit zwei Teenagersöhnen hat sich dort ausgebreitet. Mit schmerzenden Armen lasse ich die schweren Picknicksachen fallen. Ich überlege, mich einfach ins Gras sinken zu lassen und die nächsten paar Stunden in den Himmel zu starren. Meine Familie schließt zu mir auf. »Da – er ist schon besetzt«, sage ich vorwurfsvoll zu meinem Mann. »Siehst du! Nur weil du dich nicht beeilt hast.«

»Wer von uns beiden hatte denn die schwachsinnige Idee, in den Rheinauen zu grillen?«, keift mein Mann zurück. Ich will ihm gerade einen Vortrag über die Bedeutung von gemeinsamen Erlebnissen für die Familienharmonie halten, da hören wir Geschrei von der Grillstelle. »Wir können jetzt nicht nach Hause fahren, nur weil du dein Handy vergessen hast«, schimpft die Frau. »Wir haben den Platz erobert! Wir bleiben hier. *Den ganzen Tag*!«

»Warum müssen wir den ganzen Tag hierbleiben?«, fragt der eine Sohn alarmiert, die Augen auf seinem Smartphone; auch Sohn Nummer zwei, der Vergessliche, klebt mit seinem Blick am Gerät des Bruders. »WEIL. ES. SPASS. MACHT!«, brüllt die Mutter. Die Söhne und der Mann glotzen sie konsterniert an. »Ich habe keinen Bock mehr«, verkündet der Mann. »Ich fahre jetzt nach Hause. Wer kommt mit?« Die Söhne sind offensichtlich auch total erleichtert, dass sie keinen Tag im Freien verbringen müssen. Fünf Minuten später ist der Platz geräumt. Ich kann es nicht fassen! Der Grillplatz gehört uns! Vor lauter Freude und Erleichterung kullert ein Lachen aus meiner Kehle. Nora und Peter und Holger und Familie stoßen zu uns, das Feuer wird entfacht, die Würstchen gegrillt. Die Männer und die Kinder spielen Fußball, die Männer und die Kinder fahren Tretboot, und wir Frauen sitzen am Platz und quatschen. Leider habe ich den Bieröffner vergessen, was ich kaum glauben kann bei meiner Präzisionsvorbereitung, aber das kann meine Stimmung (und die der Männer) nicht lange trüben, denn das Öffnen von Bierflaschen mit fachfremden Gegenständen ist – wie sich herausstellt – ein großer Spaß für jung und alt. Und immer, wenn eine neue Gruppe Grillplatzstreuner kommt, spüre ich den Triumph. Heute sind wir die Barbecue-Könige der Rheinauen!

Später entschuldige ich mich bei meinem Mann für den Stress, den ich gemacht habe.

»Ach«, sagt er, noch keuchend von der Wasserpistolenschlacht mit den Kindern. »Was soll's. Das war eine tolle Idee von dir. Sollen wir das nächstes Jahr nicht wieder machen?«

»Ach weißt du«, sage ich zögerlich. »Zieh du nächstes Jahr ruhig mit deinen Jungs los.«

Es gibt Traditionen, an denen man einfach doch nichts ändern sollte.

KILLING
FOR A GRILLING

Das
Garagenwunder

Es ist Samstag. Sohnemann hat ein Fußballspiel. Normalerweise lässt mein Mann es sich nicht entgehen, ihn zu begleiten, aber heute überrascht er mich damit, dass er mir diese Aufgabe überlässt. Wobei ich erwähnen sollte, dass es mich *nicht* überrascht, dass er mir eine Aufgabe überlässt. Ich bin nur überrascht, dass es ausgerechnet das Fußballspiel ist. In den Rubriken Einkaufen oder Besorgen von Geburtstagsgeschenken für seine Mutter oder dem Anruf beim Installateur hätte es mich keineswegs gewundert. Aber nun gut. Jetzt darf ich also mit zum Auswärtsspiel in die Pampa. Auch schön.

»Was hast du denn so Dringendes vor?«, frage ich, während ich eine Flasche Wasser für Sohnemann fertig mache. Halb rechne ich damit, dass er mit Marcel zum Grillshop fahren will, aber dann verkündet mein Mann Folgendes: »Ich räume die Garage auf.«

Jetzt bin ich aber wirklich baff. »Du meinst richtig aufräumen?«, frage ich vorsichtshalber nach.

»Natürlich.«

»Du meinst nicht, nur eine Schneise reinschlagen und deine Inbusschlüssel suchen?«

»Nein. Aufräumen halt.«

»So richtig mit Aussortieren und Wegschmeißen?« Ich kann es immer noch nicht glauben. Er nickt ernsthaft.

»Oh wie toll!«, rufe ich und falle ihm vor lauter Begeisterung um den Hals, so sehr freue ich mich. Darauf habe ich jetzt drei Jahre gewartet! Mein Mann hortet nämlich sonderbare Dinge für bald zu beginnende Bastelarbeiten wie Vogelhäuschen, Insektenhotels, Hocker, Bilderrahmen, Papierraketen (fragt nicht!). Und weil er aber keine Zeit (und eventuell auch zwei linke Hände) hat, sammelt er nur und schwelgt in der Vorstellung, ein Did-it-myself-Imperium aufzubauen. Dazu kommen Planschbecken mit Loch, die er flicken wollte (was sich jetzt eh nicht mehr lohnt, weil unsere Kinder längst dem Planschbeckenalter entwachsen sind!), das alte Rad, das seit geraumer Zeit auf eine Reparatur wartet, der angeranzte Bollerwagen mit den platten Reifen und und und …! Auf jeden Fall hat die Garage eine dringende Generalüberholung nötig.

»Hast du denn schon Sperrmüll bestellt?«, fällt mir da ein.

Er schüttelt den Kopf. »Nee. Ich fahre das Zeug gleich zur Kippe, dann haben wir es aus den Füßen.«

Das wird ja immer besser! Mein Mann! »Es ist doch gut, dass ich dich geheiratet habe«, sage ich neckisch und küsse ihn zum Abschied. Dann fahre ich gut gelaunt mit Sohnemann auf einen buckeligen Rasenplatz im Vorgebirge. Als wir nach gut drei Stunden wiederkommen, steht das Auto meines Mannes nicht mehr vor dem Haus. Töchterchen informiert uns, dass er gerade zur Müllkippe gefahren ist. Das ging ja schnell, denke ich. Da hat er wirklich Tabula rasa gemacht! Und tatsächlich. Die Garage ist ziemlich aufgeräumt. Der ganze krude Bastelplunder weg. Komischerweise steht der ausrangierte Sessel jetzt hier drin. Mein Mann hat ihn sicher aus dem Keller hochgeschleppt, um ihn mit zur Kippe zu nehmen, aber er passte wohl nicht mehr ins Auto. Die alte Südstaatenflagge hat er an die Wand gepinnt. In der Ecke die Winterreifen aufgetürmt. Das Regal relativ ordentlich eingeräumt. Das *relativ* bezieht sich auf die Fülle. Es ist nämlich extrem vollgestopft. Und mich wundert, dass da die Farbeimer drin stehen, die vorher in unserem guten Metallschrank standen. Und dass den guten Metallschrank auf einmal zwei Aufkleber zieren. Auf der linken Seite klebt ein Totenkopf, der eine Kochmütze trägt, statt der gekreuzten Knochen sind gekreuzte Fleischgabeln darunter zu sehen. Und auf der rechten Seite prangt in gelben Lettern: *Killing for a grilling.* Mit vier Schritten bin ich beim Schrank und reiße ihn auf.

Verdammt. Ich hätte es wissen müssen! Natürlich hatte er Hintergedanken bei seiner Aufräumaktion. Vollkommen konsterniert starre ich auf blinkende Edelstahlschalen, Grillzangen, Grillthermometer, die Drahtbürste, Holzkohle, Grillbriketts, ein Sack Wood Chips Apple, Anzünder, das gute Stabfeuerzeug, das ich schon vermisst habe, als ich neulich die Schmetterlingsteelichter anzünden wollte, die gusseiserne Pfanne, Schutzhandschuhe, ein großes Brettchen aus Zedernholz, das ich noch nie gesehen habe, den Chicken-Wings-Halter und das Spareribs-Metallgestell, das mich entfernt an den Plattenständer in meinem Jugendzimmer erinnert. Und dann sind da noch Gläser voller Gewürzmischungen mit Namen wie Peri Peri Rub und Happy Ending und Dancing Sirtaki und ein BBQ-Salz, auf dem noch das Preisschild klebt: 7,99 €.

Vollkommen geplättet lasse ich mich auf den Sessel sinken, der – wie mir jetzt auffällt – genau so ausgerichtet ist, dass man den Inhalt des Schrankes bewundern kann. Und so sitze ich da und starre in die Sammlung meines Mannes, und in diesem Moment wird mir klar, dass es sich bei seinem Grillwahn nicht um eine vorübergehende Marotte handelt. Sondern um nichts anderes als einen dramatischen Eingriff in unsere Lebensgewohnheiten.

Gut, beruhige ich mich. Immerhin hat die Sache auch Vorteile: So ordentlich waren weder Garage noch Schrank seit unserem Einzug. Und wenn mein Mann durch seine Grillerei dazu angehalten wird, die Ordnung auch beizubehalten, dann ist das ja auch schön. Und wenn der Sessel erst raus ist, können wir trotzdem endlich mein Auto in der Garage unterbringen. Dennoch bin ich ein wenig… *beunruhigt*.

Eine Stunde später. Mein Mann kommt wieder. Ich sitze auf dem Sessel, den ich so gedreht habe, dass ich die Einfahrt im Blick behalten kann. »Na, hast du es dir in meinem Sessel bequem gemacht?«, ruft er gut gelaunt.

Seltsam. Gestern war es noch »das olle Teil«. Jetzt ist es also schon *sein* Sessel. »Sieht so aus«, antworte ich misstrauisch.

»Ist die Garage nicht super?«, fragt er. »Was da für ein Platz drin ist!«

»Wirklich«, sage ich und beobachte ihn genau.

»Das da«, er deutet auf das vollgepfropfte Regal, »räume ich auch noch auf.«

»Super«, sage ich ungerührt. »Jetzt können wir endlich mein Auto unterstellen.« Er zögert. Zieht eine Schnute. Kratzt sich am Ohr. Ich weiß es: Er hat irgendein Anliegen und überlegt, wie er es am überzeugendsten vorbringt. Eine dunkle Vorahnung blubbert durch mein Hirn. »Das

Auto stand jetzt schon drei Jahre auf der Straße, und das hat doch super geklappt«, fängt er an.

»Äh«, mache ich. »Der Sinn des Aufräumens bestand doch wohl darin, dass wir dann die Garage endlich für das nutzen, wofür sie gedacht ist: ein Auto reinzustellen.«

»Ach. Die Garage ist viel zu schade dafür«, winkt er ab. Und dann kommt es endlich. Das, was ich schon tief in meinem Innern ahnte, aber nicht in Worte fassen konnte. Er sagt: »Lass uns hier in der Garage lieber unsere Grillbasis aufbauen.«

»Unsere Grillbasis?«, entfährt es mir. »Wieso *unsere* Grillbasis?«

»Na gut. Dann halt *meine* Grillbasis.«

»Du willst in der Garage eine Grillbasis bauen«, wiederhole ich dümmlich, als ob es mir dann leichterfallen würde nachzuvollziehen, was er da eigentlich sagt.

»Ja, genau. Die Terrasse ist viel zu klein für all meine Sportgeräte. Und in der Küche ist auch kein Platz mehr!«

»Sportgeräte!«, schnaube ich, weil ich leider noch nicht richtig weiß, wie ich ihm am schnellsten diese Flausen aus dem Kopf treiben kann.

»Klar. Sportgeräte! Wenn man ernsthaft grillen will, *sportlich* grillen meine ich, dann braucht man eben das richtige Zubehör! Oder willst du ewig Würstchen futtern?«

»Nein, will ich nicht«, sage ich und bemühe mich, nicht zu schreien. »Aber ich will auch nicht erschlagen werden von all dem Gedöns!«

»Das ist kein Gedöns, das sind wichtige Utensilien!«, ruft er. Und fügt hinzu: »Würde ich surfen, hättest du ja auch nichts dagegen, wenn ich mein Brett hier lagere.«

»Du surfst aber nicht«, schreie ich.

»Könnte ich aber machen«, argumentiert er ungerührt.

»Aber tue ich nicht. Weil ich mir ein Hobby zugelegt habe, das der ganzen Familie zugutekommt. Oder waren meine Lammkoteletts gestern nicht super?«

»Ja«, knurre ich. »Die waren super. Aber trotzdem…« Ich mache eine hilflose Geste in Richtung Schrank. »Das wird einfach zu viel!«

»Wird es gar nicht. Ich kaufe nur das, was ich wirklich brauche.« Dabei fixiert er mich herausfordernd, und ich kann nichts dagegen sagen, weil ich diese Begründung auch immer gebrauche, wenn ich mal wieder in der Stadt shoppen war und mit drei Tüten Tops und Hosen nach Hause komme.

»Na gut«, gebe ich nach. »Dann darfst du den Schrank halt für deine Grillsachen benutzen.«

»Und hier stellen wir ein Sideboard hin für den Rest«, sagt er und deutet an die Wand.

»Für welchen Rest?«, frage ich alarmiert.

»Na ja. Das ist ja erst der Anfang«, sagt er und deutet auf das Zubehör im Schrank. »Am besten wäre ein Kühlschrank, eine Edelstahlarbeitsplatte und eine Spüle.«

Jetzt erst kapiere ich das ganze Ausmaß der Dinge. »Du willst eine *Küche* in die Garage bauen?«, frage ich fassungslos.

»Keine Küche«, berichtigt er mich. »Eine *Werkstatt*.«

Ich ringe um Fassung. »Eine Werkstatt«, hauche ich.

»Darin baue ich aber keine Papierraketen und Vogelhäuschen. Großes Grillmeister-Ehrenwort! Keine seltsamen Bastelarbeiten. Das ist ja wohl ein Riesenvorteil, oder?«

Ich starre ihn an und überdenke sein Argument. »Das stimmt allerdings«, gebe ich dann widerwillig zu.

»Und jeder Mann braucht eine Werkstatt. Die einen für Laubsägearbeiten, die anderen eben für Rippchen und

Rollbraten.« Und wie er da so steht und mich mit seinen schönen brauen Augen ansieht, gebe ich mich geschlagen. Dann baut sich mein Mann in der Garage halt eine Werkstatt für Fleisch.

Schon wieder Neues aus der Selbsthilfegruppe grillgeplagter Ehefrauen

»Mein Mann ist völlig verrückt geworden«, schließe ich den neuesten Bericht über meinen grillwütigen Gatten. Britta muss so lachen, dass sie nach Luft schnappt. »Eine Fleischwerkstatt!« Dann bricht ihr Prusten plötzlich ab, und sie japst entsetzt: »Oh nein. Wenn Marcel das erfährt…«

»Er wird es erfahren«, stelle ich fest.

»*Natürlich* wird er es erfahren. Die beiden reden doch über nichts anderes mehr bei der Arbeit!«

»Und du meinst, er will auch eine Fleischwerkstatt haben, wenn er hört, dass mein Mann eine hat?«

»Das ist zu hundert Prozent sicher«, sagt sie. »Marcel steigt doch in jeden Wettbewerb ein. Und dieses ganze Barbecue-Männerding fasziniert ihn ja *ohne Ende.*«

»Was ist nur mit den Männern los?«, frage ich zum wiederholten Mal. »Ich glaube wirklich, das ist die verspätete Antwort auf die ganze Frauenbewegung. Frauen gehen auf die Straße für ihre Rechte, und Männer verschanzen sich im Garten.«

Britta lacht. »Es ist wirklich so. Ich glaube, Männer brauchen irgendwie so Schutzräume, wo ihnen niemand sagt, wie lächerlich sie sich benehmen. Ich sag nur Barbershop!«

»Das stimmt!«, rufe ich. »Was ist das nur wieder für ein Quatsch!« Diese Barbershops, wo man sich in Retrodesign-Läden nach amerikanischem Vorbild für dreißig Euro rasieren lassen und dabei Whisky trinken kann, sind auch so eine seltsame Männermarotte. »Manche dieser Barbershops haben sogar extra Schilder an der Tür«, sage ich. »Men only!«

»Das ist offensichtlich der amerikanische Traum des deutschen Mannes«, sagt Britta. »In männlicher Gesellschaft Männersachen zu machen!«

»Grillwerkstätten und Barbershops – was kommt als Nächstes?«, rätsele ich.

»Die Harley«, sagt Britta. Und dann prusten wir los und sagen es fast gleichzeitig: »Vielleicht sollten wir unseren Männern doch einen Traktor kaufen.«

GOURMETFLEISCH PER POST

Für gute Freunde nur das Beste

»Oh wie schön«, rufe ich begeistert aus, als ich meine E-Mails checke. »Suse und James sind mal wieder im Lande!« Kurze Unterredung mit dem Herrn des Hauses, kurz entschlossene Einladung an unsere lieben alten Freunde fürs Wochenende.

✉

Wir würden uns soooo freuen, wenn Ihr kommt! Wir und der Karibische Rum, der Euch auch schon sehnsüchtig erwarte … Zwinker-Emoticon!!! Wir schwatzen und schlemmen (mein Mann ist neuerdings ein Grillmeister!), und schlafen könnt Ihr natürlich auch bei uns! Hoffentlich klappt es!

Mein Mann und ich überlegen schon, was wir zu dieser besonderen Gelegenheit anbieten. Suse und James, die vor einem Jahr nach Denver gezogen sind, sind so ein tolles, lustiges Paar und echte Genießer. Suse und ich kennen uns von einem Spanischkurs, es funkte sofort zwischen uns, und unsere Männer haben sich auch gleich bestens verstanden. Wir haben uns regelmäßig zu privaten Kochevents getroffen und fürstlich gespeist, und uns alle immer wunderbar unvernünftig verhalten, was im fortgeschrittenen Alter wie eine Art Jungbrunnen wirkt, selbst wenn man sich am nächsten Morgen richtig alt fühlt.

Während ich schon vom Aperitif bis zum Dessert denke, konzentriert sich mein Mann natürlich nur auf den Fleischgang. »Da grille ich für James und mich ein richtig schönes Porterhouse-Steak! Das wollte ich schon immer mal machen!«

Mit *schon immer mal* meint er die paar Wochen, in denen er Mitglied im Grillsportverein ist. Aber egal.

»Und für euch Frauen gibt es Flanksteak.«

»Was ist ein Flanksteak?«

»Ja, das kennt man in Deutschland nicht«, sagt er großspurig.

»Aber du ja offensichtlich.«

Er nickt und fummelt sein Handy aus der Tasche. »Was sollen wir für Salat machen?«, fragt er dabei. Nee, ist klar. Wenn er so was sagt, dann will er *natürlich* ablenken. Als ob ich so nicht bemerke, dass er gerade Flanksteak googelt.

»Ich weiß nicht. Vielleicht Chicoree?«, sage ich. Und ich hatte recht. Er hört kein bisschen zu, sonst hätte er jetzt geschrien. Grüner Salat ist schon schlimm, aber Chicoree gehört nach Männermeinung eindeutig zu den Foltermethoden, die wie Waterboarding gegen die Genfer Konvention verstoßen.

In dem Moment plingt mein Postfach. »Ah«, rufe ich erfreut und öffne die Mail von Suse.

»Flanksteak ist übrigens ein Teilstück der Bauchlappen«, sagt er dann lässig. »Ist ein amerikanischer Cut.«

Suses Antwort lenkt mich so von seinem Angeber-Grill-chinesisch ab, dass ich gar nicht dazu komme, angemessen schnippisch darauf zu reagieren.

»Wir kommen gerne! Vielen Dank für die Einladung«, lese ich vor und werde beim letzten Satz immer langsamer. »Aber gebt euch nicht so viel Mühe! Love, Suse & James.« Ich schaue meinen Mann rätselnd an. »Was soll das denn heißen – gebt euch nicht so viel Mühe?«

»Das frage ich mich allerdings auch.« Wir starren beide auf die Mail, die mit einem lachenden Smiley beendet wird. Uns ist aber gar nicht nach Lachen zumute. *Wieso* sollen wir uns nicht so viel Mühe geben? Weil sie nicht lange bleiben? Weil sie keine Lust auf eine entsprechend auf-wändige Gegeneinladung haben? Wir grübeln einen Mo-ment, dann komme ich zu dem Schluss, dass sie sicher nur rücksichtsvoll sind, weil sie wissen, wie viel Stress man im Allgemeinen hat. Alles andere kann ich mir nicht vorstel-len. Ich meine, von ihnen stammen solche Sätze wie: »Jede Stunde in der Küche lohnt sich für ein schönes Abend-essen« und »Das lassen wir jetzt aber nicht übrig! Wozu gibt es Verdauungsschnaps?« Und zu guter Letzt – der Klassiker von Suse: »Ich mache jetzt die Hose auf.«

Von daher lösche ich die Bemerkung wieder aus mei-nem Kopf. Ist doch wohl *meine Sache*, wie viel Mühe ich mir gebe. Es sind meine lieben Freunde, auf die ich mich sehr freue, also gebe ich mir Mühe. Punkt. Ende.

Mein Mann gibt sich auch Mühe. Einen Tag vor dem großen Wiedersehen trifft ein Paket von einem Gourmet-Fleischhandel ein. Er ist aufgeregt wie ein kleines Kind an Heiligabend.

»Was ist das?«, frage ich, als er vor Staunen lachend zwei gigantische Fleischbatzen aus der Box holt. »Ahh!«, ruft er wieder mit seiner Zirkusdirektorstimme. »Das Flanksteak. Das wird mariniert und sanft gegart, damit es schön medium wird, so wie ihr Frauen das mögt. Und für uns Kerle wird es dann blutiger mit einem … tatatadaaaah! Porterhouse-Steak.« Ich seufze. Was ist das denn nun schon wieder? Er erklärt mir, dass es das Gleiche ist wie T-Bone-Steak, nur mit mehr Filetanteil und noch größer. »Und teurer«, fügt er hinzu.

Ich will gar nicht wissen, wie teuer das war.

Aber ich *muss*.

»Wie viel hat das gekostet?«, frage ich deswegen meinen Mann.

»Fünfundsiebzig.«

»Fünfundsiebzig Euro?«, entfährt es mir keuchend.

»Pro Kilo.«

Ich schnappe mir die Rechnung zu dem Paket, und mir wird fast schlecht, als ich die Zahl lese. »Du hast hundertzweiundzwanzig Euro für Fleisch ausgegeben? Bist du noch ganz bei Trost?«

»Es sind Suse und James«, sagt er.

»Ja«, sage ich matt. »Es sind Suse und James.« Und dann schaue ich meinen Mann ernst an. »Aber das muss einfach das leckerste Fleisch sein, das wir jemals gegessen haben, das ist dir ja wohl klar. Also bau keinen Mist am Grill.«

Da guckt er baff-erstaunt. Und schluckt. »Werde ich nicht«, sagt er dann mit fester Stimme, so als ob er sich selbst überzeugen müsste. Und wiederholt es gleich noch mal: »Werde ich nicht.«

Einkaufen

französisches Baguette
Sahne
Zartbitterschokolade
Nougat
Eier
Zucker
Crème Fraîche

Digestif!!!!

MORDWAFFE
À LA CASA

Von ein bisschen Brot
stirbt man nicht

Der Mensch ist ein Gewohnheitstier. Veränderungen be-äugt er allgemein kritisch. Am kritischsten aber ist er mit Veränderungen der Lebensgewohnheiten von anderen, die plötzlich behaupten, gesünder/fitter/glücklicher zu sein, nur weil sie jetzt Dinner Canceling betreiben oder ganz auf Zucker und Alkohol verzichten und ausschließlich Ingwer-Grünkohl-Smoothies trinken. Ich meine – *schön* für sie! Finde ich natürlich *toll*, dass die Leute was für sich und ihr Wohlergehen tun. Aber haben diese Gesundheits-apostel sich eigentlich mal überlegt, was sie *anderen* damit antun? Dieses furchtbar schlechte Gewissen, das sie beim gemeinen Nutellabrötchen-Konsumenten auslösen, wenn sie damit prahlen, wie viele Antioxidantien sie schon zum Frühstück gesoffen haben! Diese negative Energie, die sie von ihrem hohen Ross der Enthaltsamkeit aus verbreiten, während man selbst noch in den Niederungen des Lust-prinzips herumkreucht! Ganz offensichtlich *nicht*! Wenn sie wüssten, wie sehr sie anderen auf den Sack gehen, würden sie sicher nicht so dreist mit ihrem neuen Lebens-stil rumprotzen. Nun gut. Das sollte an Einführung in das Thema genügen, um jetzt geschickt überzuleiten zum Kern der Geschichte: der Besuch unserer alten Freunde Suse und James.

Schon bei ihrer Ankunft mit dem Taxi erspähe ich durchs Fenster, dass mit ihnen was nicht stimmt. Das Erste, was mir auffällt, ist James' Gesichtsbehaarung. Er ist im biblischen Mode-Alter von fünfundvierzig tatsächlich noch auf den Hipster-Zug aufgesprungen und trägt nun einen dieser akkurat getrimmten Haarteppiche, die sich aus unerfindlichen Gründen in der Mitte der Modegesellschaft angesiedelt haben, im Gegensatz zu haarigen Randerscheinungen wie dem geweihartigen Prunk-Schnäuzer und dem ungestümen Hassprediger-Gezausel. Nun gut, Hipster-Bart also. Das muss eine Freundschaft aushalten können.

Dann wandert mein Blick weiter nach unten, und mir fällt auf, dass James zwar oben herum mehr Haar zu bieten hat, aber dafür in der Körpermitte auffallend weniger Bauch. Er ist richtig *schlank* geworden! Und auch Suse, früher immer in kaschierende Tunikas gehüllt, trägt taillierte Bluse und knallenge Jeans. Sieht richtig toll aus! Ich bin baff! Und ein bisschen beunruhigt. Auf einmal kommt mir meine eigene Hose so *einzwängend* vor. Und *wieso* habe ich noch mal gestern Abend eine Schüssel Chips in mich reingefressen? Und für heute sahniges Kartoffelgratin vorbereitet, obwohl mein Mann meinte, das Fleisch alleine wäre ausreichend? Und dann hab ich auch noch meine berühmte Trilogie von Mousse au Chocolat gemacht. Auweia! Ich fühle mich jetzt schon wie ein Vielfraß.

Bei der Begrüßung lasse ich mir aber natürlich nichts anmerken, sondern lache über die humorvollen Bemerkungen meines Mannes über James' Bart und preise selbstverständlich Suses gutes Aussehen. Sie schwärmt, wie *leicht* sie sich fühlt und wie *gut* und wie *fit* sie ist und wie wenig *Schlaf* sie braucht, aber ich höre nur mit halbem Ohr zu, weil ich aus der Nähe betrachtet gar nicht mehr so sehr davon überzeugt bin, dass ihre neue Figur *wirklich* eine Verbesserung ist. Ihr Hals ist sehnig wie bei einer alten Schildkröte, und wegen des schmalen Gesichts wirkt ihre Nase auf einmal doppelt so groß. Aber vielleicht sind meine miesepetrigen Gedanken auch nur Folge der gestrigen Zufuhr von Transfettsäuren, die jetzt durch meine Zellen marodieren und meinen ganzen Organismus auf Krawall bürsten. Ja, sicher. Die Chips sind schuld. Neid ist es jedenfalls ganz sicher nicht. Ich meine, *klar* wäre es schicker, wenn die Hose nicht kneifen würde, aber ich will doch nicht den Hals einer Schildkröte haben!

Dann führe ich sie an die Tafel, die wir auf der Terrasse aufgebaut haben, und erläutere ihnen das Vier-Gänge-Menü. Statt der erwarteten Begeisterungsstürme wirft Suse James einen langen Blick zu und sagt dann anklagend zu mir: »Aber ich habe doch gesagt, ihr sollt euch nicht so viel Mühe geben!«

»Aber das haben wir doch gerne gemacht«, beruhige ich sie.

Sie druckst ein bisschen rum und wirft James einen Blick zu. Der zieht ein Gesicht, das ich als Ich-hab-es-dir-gesagt-jetzt-sieh-zu-wie-du-das-hinkriegst-Grimasse interpretiere, und stellt meinem Mann eine Frage zu dem Grill, woraufhin der natürlich begeistert seine Sportgeräte vorführt. Suse seufzt. »Ich muss dir was gestehen. Wir essen abends keine Kohlenhydrate mehr.«

So. Da haben wir also den Salat. Von wegen Rücksichtnahme auf die berufstätige Mutter! Ihre Spezialdiät ist schuld! Und sie wollten nicht *keine Mühe*, sie wollten einfach kein köstliches Essen!

»Aber warum hast du das denn nicht gleich gesagt?«, rufe ich entsetzt.

»Tut mir leid. *Echt.* Ich dachte, ich könnte mir heute eine Ausnahme leisten, aber dann habe ich gestern bei meinen Eltern schon über die Stränge geschlagen und ein Stück Kuchen gegessen.«

Ein Stück Kuchen heißt bei Suse neuerdings *über die Stränge schlagen*? Ist sie völlig verrückt geworden?

»Aber… aber das ist dieses leckere Landbrot aus der französischen Bäckerei!«

»Ich *weiß*«, sagt Suse. »Und ich *würde* ja so gerne. Aber Kohlenhydrate sind soooo ungesund. Besonders am Abend. Die treiben den Blutzucker aber so was von rauf! Da hat man in Nullkommanix Fett angesetzt. Und irgendwann am Ende – Booom! – metabolisches Syndrom!« Sie rollt mit den Augen, was wegen der großen Nase besonders furchterregend aussieht. Ich muss mich wirklich noch an ihre neuen Gesichtsproportionen gewöhnen. Sie kommt mir richtig fremd vor. Ich meine, soll das die Frau sein, die mal gesagt hat, sie könnte sich eigentlich nur von Schwarzwälder Kirschtorte und Cocktails ernähren?

»Das metabolische Syndrom ist eine Kombination aus Herz-Kreislauf- und Stoffwechselerkrankungen«, doziert sie, obwohl sich niemand danach erkundigt hat, »und mittlerweile eine Volkskrankheit. Und ich dachte wirklich, in Deutschland wäre man auch auf den Trichter gekommen, dass Kohlenhydrate Gift sind.«

»Du meine Güte«, entfährt es mir leicht angesäuert. »Von ein bisschen Brot stirbt man doch nicht!«

Sie zieht vielsagend die Augenbrauen hoch, und ich bin froh, dass die Männer zum Tisch zurückkehren, weil es mir gerade die Sprache verschlagen hat. Keine Kohlenhydrate mehr zu sich nehmen, aber die Weisheit mit Löffeln fressen, das hat man gerne.

»So, ihr Lieben«, ruft mein Mann. »Jetzt stoßen wir erst einmal an auf ein schönes Essen unter Freunden!«

»Genau«, pflichte ich mit meiner fröhlichsten Animationsstimme bei und verteile Negroni als Aperitif, eine Mischung aus Campari, Martini und Gin, die einem zwangsläufig das Wasser im Mund zusammenlaufen lässt. Ich werde Suse schon noch dazu kriegen, eine Ausnahme zu machen. Ich meine, der Appetit kommt ja bekanntlich beim Essen! Und ich gehe mit gutem Beispiel voran, um Suse ihre bescheuerte Askese auszutreiben. Und natürlich, um das sündhaft teure Brot aus der französischen Bäckerei nicht verkommen zu lassen. Ich gebe mir Mühe, meine Begeisterung ausreichend zur Schau zu stellen, was mir eindeutig leichterfällt, wenn ich mir *nicht* ausmale, dass ich mit meinem ungezügelten Brotverzehr gerade dem Tod auf die Schippe springe. Suse greift aber konsequent am Brot vorbei und nimmt sich von den Gurkensticks, die ich eigentlich für die Kinder bereitgestellt habe. Immerhin langt James doch zum Brot, wobei er einen entschuldigenden Blick zu Suse wirft, als ob er ihre Erlaubnis einholen müsste. Suse zieht missbilligend eine Augenbraue hoch, aber James isst trotzdem todesmutig von dem Weißbrot und lobt auch sehr überzeugend die Dips. Als der Rotwein ausgeschenkt wird, bekommt auch Suses Selbstbeherrschung einen ersten Riss.

»Na gut«, sagt sie und schnappt sich ein Brot. Ha, denke ich und beobachte sie genau. Ihre Augen weiten sich, sie nickt begeistert und macht genüsslich »*Mmmmhh!*« Meine Freundin! Da ist sie wieder, jubele ich innerlich und schenke uns Wein nach. »Ohne Reue genießen«, sage ich. »*Das* ist doch der wahre Schlüssel zur Gesundheit.«

»Ja«, lacht Suse und legt das angebissene Brot auf ihren Teller, als müsste sie eine Pause einlegen. »Das sagen alle Leute, die sich nicht zurückhalten können. Aber wissenschaftlich erwiesen ist ja, dass…« Blablabla. Du meine Güte, hat sie in den USA eine Ausbildung zum *Stimmungskiller* gemacht?

Ich gehe in die Küche, um den Ofen für das Kartoffelgratin anzustellen, mein Mann stößt dazu, um das Fleisch zu holen.

»Die sind doch total verrückt geworden«, sage ich zu ihm. »Mit ihrem Ernährungsquatsch.«

»Was?«, fragt er, als hätte er das noch gar nicht bemerkt.

»Und uns ein schlechtes Gewissen machen, also echt, das nervt!«

»Ich hab kein schlechtes Gewissen«, sagt mein Mann, während er einen letzten Blick auf die Porterhouse-Tipps der Grillcommunity wirft. »Und wenn die nichts essen, bleibt mehr für uns.«

Dann geht er wieder raus.

Ist das zu fassen, wie *leicht* es sich Männer manchmal machen?

Nun gut. Mein Mann hat auch sein Päckchen zu tragen, weil er ja dieses sauteure Rind sauber vergrillen muss. Ich möchte nicht in seiner Haut stecken! Ich meine, wenn er die Bratwürstchen aus dem Discounter verkokeln lässt, gut, dann schmeißt man sie in die Tonne, und drei Euro sind futsch. Aber Fleisch für hundertzweiundzwanzig Euro, puh, damit darf man nicht den klitzekleinsten Fehler machen. Das ist wie mit einem nagelneuen Mercedes fahren, da passt man ja auch höllisch auf, um keinen Kratzer reinzumachen. Weswegen ich auch lieber mit dem alten Opel unterwegs bin.

Als ich wieder rauskomme, sind James und mein Mann in der Begeisterung über die Ausmaße des Porterhouse-Steaks vereint und versichern sich gegenseitig, dass sie es auf jeden Fall schön blutig haben wollen. Suse dagegen hat natürlich auch bei unserem Flanksteak, das mein Mann ihr anpreist, wieder was zu meckern. »Das sieht zwar gut aus, aber weißes Fleisch ist viel gesünder. Das Beste ist natürlich Fisch. Wegen der Omega-3-Fettsäuren.«

Ich schenke uns Wein nach. Vielleicht gelingt es mir, sie so besoffen zu machen, dass sie nicht mehr sprechen kann.

Mein Mann schwitzt am Grill, aber er hat wirklich schon eine Menge gelernt und bringt das Fleisch sauber vergrillt auf den Tisch. Die Kruste vom Kartoffelgratin ist schön kross geworden, und der Feldsalat glänzt knackig grün. »Ihr Lieben, greift zu«, sage ich.

Suse antwortet: »Dabei sind wir jetzt eigentlich schon so gut wie satt.« Ich weiß nicht genau, wen sie mit »wir« meint, James jedenfalls guckt ziemlich gierig auf das Steak.

»Aber lasst noch Platz für die Trilogie von Mousse au Chocolat!«, sage ich heiter.

Suse verzieht das Gesicht und mäkelt: »Das auch noch? Ich kann doch jetzt schon fast nicht mehr.«

»Ach was. Mach die Hose auf, dann passt es wieder.«

»Auf keinen Fall. Dann esse ich vielleicht wirklich noch was«, jammert sie.

»Komm«, dröhnt mein Mann. »Nehmt. Das ist das beste Fleisch, das man hierzulande bekommen kann. Davon was übrig zu lassen, wäre eine Sünde.«

»Siehst du, das wäre eine Sünde«, sagt James zu Suse und langt zu.

»Na gut«, stöhnt sie. »Aber nur ein kleines Stück.« Und dann passiert es doch: Suse haut richtig rein. Sie isst sogar Kartoffelgratin, und das Steak verputzen die beiden wie nichts. Ich muss mich fast beeilen, auch noch was abzukriegen. »Die wollen uns umbringen«, stöhnt Suse anklagend in James' Richtung und lehnt sich satt in ihrem Stuhl zurück. Kann sein, denke ich gut gelaunt. Aber dann würde ich als Mordwaffe nicht Steak für hundertzwanzig Euro nehmen, sondern eine fest eingebundene Kalorientabelle.

»Aber eines sage ich euch.« Suse grinst plötzlich. »Wenn wir schon untergehen, dann doch am besten zusammen. Und deswegen brauche ich vor der Mousse au Chocolat noch unbedingt einen Verdauungsschnaps«, fügt sie hinzu und knöpft sich endlich die viel zu enge Hose auf.

Na, wer sagt's denn? Geht doch!

MARCEL
UND SEIN ATELIER

Die Grillzangengeburt
eines Stars

Britta hatte recht. Die Fleischwerkstatt meines Mannes hat Marcel auf eine Idee gebracht. Als wir das nächste Mal bei ihnen zu Besuch sind, verkündet er seine Pläne für eine brillante rauchgeschwängerte Zukunft. Er führt uns in den Garten über einen geharkten Kiesweg an symmetrisch gepflanzten Ziergräsern vorbei. Der Weg endet an einem rosenumrankten Pavillon. Rechter Hand liegt ein mit üppig wuchernden Blumen, Johannisbeersträuchern und Tomatenpflanzen bewachsenes kleines Feld, Brittas Reich. Marcel bleibt stehen und beäugt den hübschen wilden Garten. »Das wäre natürlich ideal. Das ganze Unkraut abrasieren, pflastern und überdachen.« Britta räuspert sich vernehmlich, und Marcel beeilt sich zu sagen: »Ja, schon gut. Ich weiß. Das ist dein Heiligtum!« Er zwinkert meinem Mann zu. »Frauen und Grünzeug, also wirklich. Manche Einfälle der Evolution sind wirklich kurios.« Bevor wir lautstark protestieren können, redet Marcel schon weiter: »Dieser Pavillon hier wird es!«

»Deine Fleischwerkstatt?«, fragt mein Mann.

»Nichts Fleischwerkstatt! Auch nicht einfach Outdoorküche – nein…« Er funkelt uns aus weit aufgerissenen

Augen an und hebt die Hände, als schriebe er die frohe Botschaft in die Luft: »*Marcels Grillatelier*!«

Brittas Gesichtsausdruck ist ungerührt, während mir die Kinnlade runterklappt. Ich meine, wenn ich bisher gedacht habe, mein Mann wäre schon grillverrückt, dann toppt Marcel das aber locker. Der galoppierende Grillwahnsinn ist ausgebrochen!

»Ein Grillatelier?«, fragt mein Mann beeindruckt und wirft mir einen vorwurfsvollen Siehst-du-was-andere-Männer-für-ein-Glück-haben-Blick zu.

Marcel nickt gewichtig. »Genau. Das Atelier für die gehobene Grillkunst! Das ist es, was ich baue.«

»Aber ihr habt auf der Terrasse doch auch viel Platz zum Grillen«, sage ich erstaunt.

»Ja, aber da kann ich keine Kameras anbringen.«

»Kameras?«, fragt mein Mann. »Wofür brauchst du denn Kameras?«

»Für das Beste an meinem Plan.« Marcel macht eine dramatische Pause, bevor er verkündet: »Ich werde meinen eigenen Barbecue-Kanal aufbauen.«

Ach du liebes bisschen! »Barbecue-Kanal?«, entfährt es mir. »Du meinst *Fernsehen*?«

»Internetfernsehen«, kommentiert Britta trocken. »Und Internetblog. Marcel möchte der führende Grillblogger-Papst werden.«

Marcel überhört Brittas Sarkasmus und schwärmt begeistert: »Ich habe so viele Tipps und Tricks auf Lager, da wird sich die Barbecue-Community nur so drum reißen. Und das Beste daran ist: Bevor ich damit *richtig Kasse* mache, spare ich einen Haufen Geld.«

»Hä?«, frage ich.

»Ja, Sinn und Zweck ist natürlich, mir mit dem Barbecue-

Kanal eine lukrative Einnahmequelle zu schaffen. Aber dafür muss ich ja erst einmal mein Atelier einrichten. Und um die Investitionskosten gering zu halten, habe ich einen Plan.«

»Und welchen?«, fragt mein Mann neugierig.

Marcel hat natürlich nur auf diese Frage gewartet. »Indem ich mir Sponsoren suche. Die werden Schlange stehen, damit ich in meinem Atelier für die gehobene Grillkunst ihre Produkte verwende. Da bekommst du die ganze Ausrüstung, Grills, Saucen, Gewürze und sogar Fleisch in rauen Mengen geschickt plus alles Zubehör, was du willst. Musst nur die Produkte bewerben, indem du sie verwendest und darüber berichtest!«

»Echt? Ist das so einfach?«, fragt mein Mann.

»Natürlich! Für jemanden wie mich jedenfalls. Der ja auch wirklich was zu bieten hat. Expertise und Equipment!« Während er ungebremst von sich selbst schwärmt, wandelt er durch den Pavillon, als wäre er schon auf Sendung. Eines steht fest: Das nötige Selbstdarsteller-Gen hat er jedenfalls. Ich werfe Britta einen Blick zu, um rauszukriegen, was sie so denkt. Aber sie maskiert ihre Fassungslosigkeit weiterhin mit einer ungerührten Miene. »Als Erstes werde ich Broil King die Chance geben, mein Sponsor zu werden. Das Modell Imperial würde mir schon gut stehen.«

Britta und ich lassen die beiden Männer in Marcels Plänen schwelgen und setzen uns auf die Terrasse.

»Und?«, frage ich sie. »Was hältst du davon?«

»Das ist natürlich eine vollkommene Schnapsidee«, sagt sie. »Aber ich kenne meinen Mann. Wenn er derart besessen ist von etwas, nützt es gar nichts, ihm mit vernünftigen Argumenten zu kommen. Deswegen werde ich einfach abwarten und Caipirinha trinken.«

Marcel und mein Mann kommen zurück auf die Terrasse. »So, ihr Lieben, willkommen zur ersten Sendung in Marcels Grillatelier«, posaunt er. »Heute gibt es eine schöne Tarte flambée!«

»Was?«, frage ich verwirrt.

»Er meint Flammkuchen«, sagt Britta.

Schon während des Essens sehe ich, wie es in meinem Mann brodelt. Vermutlich kommt ihm seine Garagenwerkstatt auf einmal viel zu popelig vor. Und tatsächlich. Als wir später am Abend nach Hause fahren, eröffnet mir mein Mann, dass wir doch eigentlich da, wo der Sandkasten ist, auch eine Outdoorküche bauen könnten. »Da brauche ich nur ein paar Backsteine für.« Ich glaube, langsam hat der ganze Qualm aber wirklich seine Hirnwindungen verrußt.

»Du hast nicht einmal ein Vogelhäuschen hinbekommen«, sage ich verblüfft, »und jetzt willst du eine *Outdoorküche* mauern?«

»Na ja, im Internet gibt es dazu bestimmt auch Anleitungen«, sagt er.

»Vergiss es. Wenn überhaupt, kommt da ein Pool für die Kinder hin.«

»Aber Marcel ...«

»Marcel spinnt vollkommen, abgesehen davon hat er keine Kinder.«

»Aber ...«

»Nichts aber«, sage ich. »Ich mache ja allen Quatsch mit, aber irgendwann ist Schluss mit lustig.«

»Okay«, sagt er nach einer Pause. »Schon gut. Hast ja recht.«

Ich bin wirklich froh, dass mein Mann noch einen Funken gesunden Menschenverstand besitzt! Und dann fügt er hinzu: »Vielleicht mauere ich einfach einen Kamingrill, der ist nicht so groß.«

»Vielleicht aber auch nicht«, kommentiere ich.

»Ja«, seufzt er. »Vielleicht auch nicht.«

DIE PORK- UND BEEF-LISTE

Unlautere Tricks einer erfahrenen Mutter

Wir bekommen mal wieder Besuch – diesmal von unseren Freunden Bine und Matz. Sie haben vier Kinder zwischen acht und dreizehn Jahren. Wir überlegen, was wir grillen können, und sind uns einig, dass wir für jeden Geschmack etwas anbieten wollen. »Mit Hähnchen und Würstchen für die Kinder kann man nichts falsch machen«, sage ich. »Das mögen die doch immer am liebsten. Dazu Stockbrot, dann sind wir auf der sicheren Seite.«

»Und Steak für die Erwachsenen«, sagt mein Mann. »Da gibt es diese neuseeländische Steakhüfte, die ich schon immer mal machen wollte.« Er sieht meinen Blick und fügt hinzu: »Ist auch nicht sooo teuer. Kostet ungefähr fünfundvierzig Euro pro Kilo.«

Ich murmele was von der galoppierenden Fleischinflation. Letztes Jahr jedenfalls hatte ich noch gedacht, Rinderbraten für fünfzehn Euro das Kilo wäre ein Superangebot beim Metzger. Aber da habe ich mich wohl satt getäuscht. Was auch daran liegt, dass mir bisher die neuseeländische Steakhüfte unbekannt war. »Na gut«, seufze ich. »Machen wir so.«

Wir fühlen uns also gut gerüstet, als der Besuch eintrifft.

Man hat sich lange nicht gesehen. Bine ist sehr dünn, die Kinder dagegen sind sehr groß geworden. Besonders die dreizehnjährige Tochter und die zwölfjährigen Zwillinge haben zugelegt, in allen Richtungen. »Ich bin ständig im Supermarkt«, stöhnt Bine. »Man glaubt nicht, was diese Teenager alles verdrücken können.« Doch, das glaube ich schon, wenn ich mir die XL-Shirts der drei so anschaue. Wir gehen raus in den Garten.

Sohnemann, Töchterchen und die achtjährige Mimi backen Stockbrot am Kugelgrill, die älteren Kinder hocken gelangweilt rum und spielen mit ihren Smartphones. Mein Mann grillt am Gasgrill die Würstchen und die Hähnchenkeulen, die schon länger auf ihrem Keulenhalter schmoren, und ruft die Kinder zum Essen, die wie immer als Erste verköstigt werden.

»Würstchen oder Hähnchen?«, fragt mein Mann die dreizehnjährige Lulu.

Lulu zeigt mit ihren lackierten Glitzernägeln auf das Steak, das fertig mariniert auf dem Tisch neben dem Grill steht, und sagt: »Ich will das da.«

Mein Mann schluckt. »Ach so, na ja. Das dauert aber noch, bis das fertig ist.«

»Egal. Dann warte ich.«

»Guck mal hier, die Hähnchenkeulen sind schon fertig.« Er hält einen knusprigen Schenkel hoch.

»Ich will das«, sagt Lulu bestimmt und bleibt mit ihrem Teller am Grill stehen. Die anderen Kinder beugen sich vor. »Was ist das?«, fragen sie neugierig. »Das sieht lecker aus.«

»Das ist Steak«, sagt mein Mann. »Neuseeländische Steakhüfte, um genau zu sein.« Er fängt an zu schwitzen. Ich weiß auch warum: Wenn er an *ein* Kind Steak rausrückt, bekommen die anderen auf einmal auch Appetit darauf, und dann reicht das Fleisch hinten und vorne nicht. Dann hat man eigentlich alles in bester Absicht geregelt und steht plötzlich vor der Grundsatzfrage: Darf man das teure Steak den Erwachsenen vorbehalten? Ich meine, natürlich bringt man Kinder-Gästen den gleichen Respekt entgegen wie den Erwachsenen. Hat man aber für die Erwachsenen ein besonderes Stück vorgesehen, steckt man in einer klassischen Zwickmühle. Und Fragen stürmen auf einen ein: Bin ich ein egoistisches Monster, wenn ich den Kindern das Steak versage? Ist das nicht total ungerecht und unfair und asozial? Schmecken sie überhaupt den Unterschied? Und was, wenn sie zwar sagen, sie mögen es, und es dann nicht aufessen? Ich kenne haufenweise Fälle, wo Kinder nach Jägerschnitzel oder Langusten oder dem letzten Stück Mandarinentorte verlangten, und die Eltern seufzend darauf verzichteten, und nachher lag das Essen angelullert und zerfetzt (und im Falle von Torte auf jeden Fall jeglicher Sahne und Schoko-Verzierung beraubt) auf dem Kinderteller, und dann wollte es natürlich auch von den Erwachsenen niemand mehr essen. Mein Mann spielt indessen auf Zeit. Er legt die Würstchen in die Warmhaltezone und das Steak auf den Grill und schließt den Deckel. »Dauert etwa zehn Minuten«, sagt er. »Wer will schon mal ein Würstchen?«

»Ich warte auf das Steak«, sagt Lulu und löst eine Kettenreaktion aus. »Ich auch«, rufen die anderen.

»Das war eigentlich für die Erwachsenen gedacht«, murmelt mein Mann verlegen. Ich werfe Bine und Matz einen fragenden Blick zu, aber die tun so, als ginge sie das Ganze nichts an.

»Gegessen wird, was auf den Tisch kommt«, stellt Lulu ungerührt fest. Dem ist nichts entgegenzusetzen. Als auch das Steak fertig ist, bringen wir alles an den Tisch.

»Jeder ein Stück Steak und jeder ein Würstchen«, bestimmt mein Mann. »Dann reicht es für alle, okay?«

»Ich will nur Steak«, beharrt Lulu. »Kein Würstchen.«

»Ich auch«, sagen die Zwillinge.

»Ist okay«, meldet sich Bine mit Opfermiene zu Wort. »Du kannst mein Steak haben. Dann esse ich halt nur Würstchen.«

Schwupps, habe ich ein noch schlechteres Gewissen, weil ich überhaupt nur daran *gedacht* habe, den Kindern das Steak vorzuenthalten. Andererseits ist Bine offensichtlich in die Mütterfalle der vorgetäuschten Bedürfnislosigkeit geraten. Was ich ja auch fatal finde.

»Wie wäre es, wenn ihr erst einmal probiert?«, sage ich diplomatisch. Wie sich herausstellt, mögen die Kinder das Steak. Nur Töchterchen isst lieber Würstchen. Im Nullkommanix ist die erste neuseeländische Hüfte weg, und wir Erwachsenen (bis auf Bine natürlich, die mit zusammengekniffenem Mund darauf verzichtet) bekommen gerade genug davon ab, um zu erfahren, dass es unheimlich köstlich ist. Ich sehe die bedrückte Miene meines Mannes, mit der er das nächste Steak aufschneidet. Die Kinder scharren schon mit den Hufen. Und auch Matz guckt nicht wirklich glücklich auf seine Nürnberger, von Bines zusammengesackten Schultern des ewigen Verzichts mal ganz abgesehen.

Und ich weiß, jetzt ist Zeit für den Notfallplan. Für die Kiste der nicht ganz legalen Tricks. Aber ich muss mich beeilen, bevor das nächste Steak auf dem Teller liegt. Ich schwirre ab in die Küche, hole meine Geheimwaffe und renne wieder raus auf die Terrasse: »Jetzt gibt es Himbeer-Tiramisu und Schokoküsse!«, schreie ich wie ein verzweifelter Bauchladenverkäufer. Sofort wenden die Kinder ihre

Blicke von dem Fleisch ab und fangen an zu johlen. Nur Lulu starrt weiter auf das Steak, ihre Zwillingsbrüder beobachten, was sie macht. Die Sache steht auf Messers Schneide.

»Und Oreo-Eis«, brülle ich.

Lulu lässt den Teller sinken, dreht sich um und folgt meinem Rattenfänger-Ich. Ich atme auf, jedenfalls soweit mein schlechtes Gewissen es zulässt. Aber als ich sehe, wie sich die Mienen von Matz und Bine aufhellen, als sie doch noch in den Genuss eines richtigen Stück Steaks kommen, fühle ich mich sofort besser.

An diesem Abend noch beschließen mein Mann und ich, dass wir so was wie heute kein zweites Mal erleben wollen und in Zukunft auf solche Fälle besser vorbereitet sein müssen. Man muss es einfach sehen, wie es ist: Sobald man einmal die Sphären des fertig marinierten Fleisches hinter sich gelassen hat, ist Grillen ein kostspieliges Hobby. Besonders Essenseinladungen gehen ganz schön ins Geld, zumindest, wenn man seinen Gästen Fleisch vorsetzt, das man auch selbst mit Genuss und gutem Gewissen essen möchte. Die Alternative aus dem Discounter kommt aus gesundheitlichen und ethischen Gründen nicht in Frage. Meinen Vorschlag, dass wir zur Schonung unseres Bankkontos in nächster Zeit mit Gästen mal aufs Grillen verzichten und zum Beispiel nudelhaltige Köstlichkeiten aus der italienischen Küche zaubern, lehnt mein Mann aber rundheraus ab. »Die Leute wissen, dass Grillen mein Hobby ist und wären enttäuscht, wenn wir nicht grillen«, behauptet er. »Außerdem macht es viel mehr Spaß.«

Darüber ließe sich natürlich streiten, aber das mache ich an dieser Stelle nicht. Uns beschäftigt gerade ein anderes Thema.

»Was machen wir denn jetzt?«, frage ich.

»Eines ist klar: Wenn wir nur für die Erwachsenen Steak kaufen und die Kinder mit Würstchen abspeisen wollen, stehen wir wie die Schweine da«, sagt mein Mann.

»Und wenn wir uns ruinieren mit deinem Hobby, sind wir blöde Rindviecher«, gebe ich zu bedenken. In dem Moment schauen mein Mann und ich uns an, und da fällt der Groschen endlich.

Wir beschließen feierlich, unsere Freunde zukünftig in Pork- und Beef-Freunde einzuteilen. Manche sind einem lieb, andere auch teuer. Wenn wir mit Gästen mehr als acht Personen sind, gibt es automatisch Pork. Da gibt es gleiches Essen für alle, ob groß oder klein: Würstchen, Burger, Spareribs, Pulled Pork. Schmeckt auch sehr gut, geht aber nicht ganz so ins Geld. Freunde, die generell keine Ahnung haben vom Essen, schreiben wir auch auf die Pork-Liste. Freunde, die gerne ihre eigene Brieftasche zuhalten, ebenfalls. Nur die Leute, die wir besonders mögen, die wir beeindrucken oder einfach gerne besonders verwöhnen wollen und die das auch zu schätzen wissen, die kommen auf die Beef-Liste. Total geheim, versteht sich.

DÖRRFLEISCH

Was würde ich mich aufregen, wenn es nicht so heiß wäre!

Wir sitzen regungslos im Garten. Es ist wahnsinnig heiß. Bei der kleinsten Bewegung fließt der Schweiß in Strömen. Auch der leichte Wind bringt keine Erfrischung, er ist warm wie ein Fön. Die Kinder sind bei Freunden, die einen Pool haben. Die Glücklichen! Mein Mann und ich haben uns die Liegestühle unter den Sonnenschirm gezerrt und harren dort aus in der Hoffnung auf ein Gewitter oder einen Schneesturm. Oder sonst irgendwas, was einen abkühlt. Das Einzige, was ich bewegen kann, ist mein Arm, den ich brauche, um mir noch einen Liter Wasser reinzuschütten. Mein Mann schafft es immerhin, sein Handy rauszuziehen und darauf zu schauen. »Die Wetter-App warnt vor Hitze«, sagt er schlapp.

»Ach was«, sage ich, und dann bleibt mir jede weitere spöttische Erwiderung in meiner ausgetrockneten Kehle hängen. Wir vegetieren eine Zeit lang vor uns hin. Plötzlich sagt mein Mann: »Dörrfleisch.« Wenn er damit meine Beine meint, dann erschlage ich ihn mit der Sonnencreme. Aber ich bin zu ermattet, um nachzufragen, und beschließe, die Bemerkung überhört zu haben. Mein Mann greift das Thema von selbst wieder auf.

»Wir könnten selber Dörrfleisch herstellen, bei dem Wetter«, informiert er mich. »Beef Jerky. Haben die Indianer früher auch selbst gemacht.«

Ich sage lieber nichts. Vielleicht meint er es ernst.

»Du hast doch selbst gesagt, auf der Wäscheleine wird im Moment alles im Handumdrehen trocken«, setzt er hinzu. Jetzt schaffe ich es doch, mich aufzurichten und ihn argwöhnisch zu mustern. Vielleicht hat die Hitze seine Gehirnzellen endgültig weich gekocht?

»Ich meinte *Laken*«, sage ich streng. »Und Bettdecken! Aber doch kein Fleisch.« Ich sehe ihn schon vor mir, wie er Fleischlappen mit der Wäscheklammer befestigt und sie danach im heißen Wind flattern lässt. Er grinst vor sich hin. »War nur ein Scherz.« Und fügt hinzu: »Das mit der Wäscheleine wenigstens.« In einem unerwarteten Anfall von Aktivität springt er aus dem Liegestuhl, geht zu seinem Kugelgrill und schiebt ihn vom Vordach weg in die pralle Sonne. »Ich wette, er wird allein von der Sonne fünfzig Grad heiß. Dann könnte ich ihn zum Dörren nutzen, ohne auch nur eine Kohle anzuzünden. Wäre das nicht unglaublich cool?«

»Total«, sage ich sarkastisch. »Aber eine Frage habe ich da noch. Wie kommst du eigentlich auf die Idee? Ich meine, wozu soll man sich die Arbeit machen? Falls du es vergessen hast: Im Gegensatz zu den Indianern haben wir einen Kühlschrank und eine Tiefkühltruhe, um Fleisch aufzubewahren.«

Doch meine kühle Argumentation prallt an seiner neu erworbenen Männer-Fleisch-Arroganz ab. »Davon verstehst du nichts«, sagt er schlicht und beäugt aufmerksam das Deckelthermometer seines Grills. Und es ist entweder die Hitze oder seine unfassbare Idiotie, die mich auf einmal unglaublich wütend macht. »Wieso verstehe ich davon nichts?«, zische ich. »Weil mir ein Y-Chromosom fehlt?«

»Genau«, wagt er zu antworten.

»Das ist doch wohl die Höhe«, brause ich auf, merke dann, wie mir der Schweiß ausbricht und lasse mich zurück in den Liegestuhl sinken. Soll er doch machen. Hauptsache, ich muss mich nicht bewegen. Ich schließe die Augen und höre ihn rumwerkeln.

»Schon siebenundvierzig Grad hat die Kugel«, freut sich mein Mann. Dann verschwindet er nach drinnen, ich höre unseren Fliegenvorhang klackern. Bin gespannt, was er macht. *Einerseits.* Andererseits ist es mir völlig egal. Mir ist zu warm, um mich aufzuregen. Der Vorhang klackert erneut. Er ist also wieder da. Ich widerstehe dem Versuch, zu gucken, was er macht. Es interessiert mich nicht. Sollen er und sein wild gewordenes Y-Chromosom doch Fleisch dörren und anschließend drauf rumkauen, mir doch wurscht! Mit einem Schrei fahre ich hoch. Er hat mir was Kaltes auf den Bauch gelegt. Sollte es sich um ein rohes Rinderfilet handeln, werde ich ihn trotz der Hitze einen Kopf kürzer machen. Erschrocken reiße ich das unbekannte Etwas von meinem Bauch weg und mache die Augen auf. Es ist kein Fleischbatzen. Es ist ein Buttermilch-Zitrone-Eishörnchen. Genau das, was ich jetzt brauche. Jede Schimpftirade über seine Attacke bleibt mir im Hals stecken. Er setzt sich neben mich in den Schatten, und schweigend verzehren wir unser Eis.

»Was ist denn jetzt mit deinem Dörrfleisch?«, frage ich dann versöhnlich. Mit Zucker im Blut streitet es sich schlechter.

»Ach«, sagt er. »Ich müsste das Fleisch ja erst vierundzwanzig Stunden marinieren. Das haut nicht mehr hin, sagt die Wetter-App. Morgen soll es gewittern.«

»Endlich«, hauche ich voller Vorfreude. Noch nie habe ich mich so nach einem Tief gesehnt.

»Aber bei der nächsten Hitzewelle mache ich das«, nimmt er sich vor. »Ganz bestimmt.«

»Na klar«, sage ich. »Ist noch Eis da?«

IM STREICHELZOO DES METZGERS

Männer und ihre unersättliche Fleischgier

Sohnemann hat den Prospekt vom Handelshof in die Finger bekommen. Das ist ein Großhandel, wo auf der Fläche eines kleinen Dorfes aberwitzige Mengen an Lebensmitteln verkauft werden. Gerade wurde dort die Wildsaison eröffnet. Sohnemann blättert durch das Anzeigenblättchen und ist in den folgenden Minuten damit beschäftigt, die Angebote runterzubeten: »Hirschkeule! Hirschfilet! Hirschrücken! Hirschgulasch! Wildschweinbraten! Oh, Mama, das musst du mal kaufen. Rehrücken! Guck mal hier! Das will ich essen! Damhirschkeule! Oh. Lecker! Und … oh … super! Fasan! Und Hasenkeulen! Hasenrücken! Das musst du aber wirklich kaufen: Hauskaninchen! Mmmmmh!«

Ich komme mir schon vor wie im Streichelzoo des Metzgers. Wobei die Fotos von dem gehäuteten, kopflosen Kaninchen natürlich kein bisschen possierlich sind.

»Magst du denn so was?«, frage ich erstaunt.

»Natürlich«, sagt er. »Das ist doch Fleisch!«

»Das ist mein Sohn«, sagt mein Mann und tätschelt Sohnemann stolz die Schulter.

Du liebes bisschen! Was um alles in der Welt haben Männer eigentlich mit *Fleisch*? Was ist es, das sie so magisch anzieht? Und wieso sind Frauen nicht so versessen darauf?

Ich recherchiere im Internet über die unersättliche Fleischgier der Männer. Da sind natürlich jede Menge Erklärungsversuche zu finden. Dass Männer mehr Muskeln haben und deswegen mehr Energie verbrauchen als Frauen und deswegen sowieso mehr essen – darunter eben auch mehr Fleisch.

Dass Fleisch als männlich gilt, weil der Steinzeitheini, der viel Fleisch hatte, damit beweisen konnte, dass er ein guter Jäger ist. Dass proteinreiche Nahrung für den Muskelaufbau sorgt und Männer deswegen so scharf darauf sind. Aber in Linsen sind auch Proteine drin, und mir ist nicht bekannt, dass Männer eine besondere Verbindung zu Linsen haben.

Eine richtig eindeutige Erklärung für den deutlich höheren Verbrauch der Männer an Fleisch hat keiner. Ich rufe Britta an.

»Ich glaube, Männer haben weniger Mitleid mit Tieren«, behauptet sie.

»Das kann natürlich sein«, überlege ich. Töchterchen zumindest hatte angesichts des Jagdsaison-Werbeblättchens erschrocken gerufen, die Kaninchen sollten weglaufen vor dem Jäger. Und die Rehe auch. Und für den Fall, dass der Jäger sie doch erwischt, drohte sie ihm ziemlich blutige Vergeltung an. Woraus ich schloss, dass sie Mitleid mit Tieren hat, aber keinesfalls mit Jägern.

»Und Männer haben auch weniger Mitleid mit ihrer Gesundheit«, fügt Britta jetzt hinzu. »Viele Typen meinen ja, Ernährungsempfehlungen gelten nur für Schwächlinge.«

»Ich weiß nicht«, sage ich. »Meinst du wirklich?«

»Na klar«, beharrt Britta. »Besonders so Alpha-Männer.

Die denken, sie wüssten schon selbst am besten, was für sie gut ist. Die würden sich doch nie von einer Ernährungsberaterin Vorschriften machen lassen!«

»Da ist sicher was dran«, sage ich.

»Und es gibt natürlich auch die Theorie, dass ein Zusammenhang besteht zwischen sexistischer Diskriminierung und dem Diktat, Fleisch zu essen.«

»Hä?«, mache ich.

»Eine Frau namens Carol J. Adams hat ein feministisch-vegetarisches Manifest darüber geschrieben.«

»Hä?«, mache ich erneut. Wenn es um Feminismus geht, werde ich immer schnell ratlos. Muss ich *dafür* sein, weil ich eine Frau bin, oder darf ich zugeben, dass ich gar nicht weiß, was der Feminismus heutzutage von mir verlangt? Muss ich das Badezimmer ungeputzt lassen, weil der Feminismus meint, mein Mann wäre dran? Ich finde Feminismus noch schwieriger als Emanzipation. Er hilft einem im Alltag jedenfalls nicht weiter.

»Nach Adams gibt es eine Verbindung zwischen Fleischverzehr und Männlichkeitswahn«, erklärt Britta. »Und sie sagt, wenn man sich weigert, Fleisch zu essen, ist das eine Auflehnung gegen das Patriarchat.«

»Und eine Vegetariergesellschaft wäre dann automatisch ein Matriarchat?«, frage ich konfus.

»Keine Ahnung«, sagt Britta. »Ich habe diesen Blödsinn natürlich nicht gelesen. Ich drohe Marcel immer nur, ihm einen feministisch-vegetarischen Vortrag zu halten, wenn er mir mit seinem Grillwahn auf die Nerven geht. Das hilft meistens.«

Von den ganzen feministischen und steinzeitlichen und genetischen Erklärungsversuchen bin ich natürlich noch verwirrter als vorher. Abends berichte ich meinem

Mann von meinen Recherchen und den vielen Theorien zur Fleischgier der Männer. Und mein Mann sieht mich erstaunt an und sagt: »Was soll der ganze Quatsch? Männer essen deswegen viel Fleisch, weil es ihnen gut schmeckt.«

Und da muss ich lachen. Manchmal kann die Welt so einfach sein!

SENFPISTOLEN UND GRILLMACHETEN

Das seltsame Waffenarsenal des Hobbygrillers

Mein Mann ist ein Augustkind, weswegen er seinen Geburtstag in der Regel draußen feiern kann. Das Grillfest zu seinem Jubeltag ist also schon Tradition. Neu ist, dass er ja geradezu besessen von diesem Grillthema ist, und da mich natürlich einige Freunde nach seinen Wünschen gefragt haben, habe ich vermutlich aus Versehen erwähnt, dass er sich vielleicht über Zubehör freuen würde. Was ich hätte bedenken sollen ist, ob auch *ich* mich über das Zubehör freuen werde. Es ist nämlich so, dass es neben den sinnvollen Sachen (Zangen, Anzündkamin, Schutzhandschuhe) auch unglaublich viel Grill-Schwachsinn gibt! Es scheint, als hätte der grillbesessene Mann als willfähriges Opfer der Geschenke-Industrie längst die alten Damen mit Schoßhündchen abgelöst, die mit Brillanten besetzte Halsbänder für ihren Zwergpudel und Regenmäntel für ihren Chihuahua kaufen. Du meine Güte! Jedenfalls haben sich unsere Gäste mit originellen Geschenken geradezu überschlagen. Mein Mann ist also nicht nur ein Jahr älter geworden, sondern jetzt auch stolzer Besitzer folgender unverzichtbarer Accessoires:

Das Geschenkset »Chef am Grill«. (Was eigentlich nur

ein Pappkarton in Hüttenform ist mit einer Flasche Bier und einer Tüte Brezeln drin – Warenwert also keine zwei Euro. Aber hübsch verpackt!)

Ein Brandeisen mit Wechselbuchstaben für das individuelle *Branding*. (Bei der nächsten Grillfete von Kirsten und Frank will er damit unsere Schnitzel markieren. Falls wir jemals noch mal da hingehen!)

Grillanzünder in Form von gerollten Geldscheinen. (Schade, dass wir damit nicht das nächste Porterhouse-Steak bezahlen können!)

Eine Grillmachete. Ja, genau. Eine *Machete*. Zum Grillen. Sie ist aber nicht schwertscharf, sondern im Grunde nur eine Art stumpfer Grillgutwender. Außerdem ist ein Flaschenöffner dabei. Das Guerillakämpferfeeling ist also auch kindertauglich. (Ich bin wirklich froh, dass man damit kein Schwein halbieren kann. Das hätte meinen Mann nur auf neue Ideen gebracht.)

Ausstechförmchen für Tarngemüse – um Zucchini & Co. in Hähnchenkeulenform auszustechen. (Die Kinder finden es super! Was *ich* wiederum super finde. Endlich eine Chance, mehr Vitamine in sie hineinzubekommen! Allerdings bin ich skeptisch, was passiert, wenn sie die Zucchinikeulen auch essen sollen ...)

Der Master-Grillkoffer mit den eingravierten Initialen meines Mannes. Darin sind allerhand Gabeln und Zangen und Maiskolbenhalter enthalten. (Sieht fast aus wie ein Doktorkoffer. Mein Mann hat jedenfalls eine unheimlich wichtige Miene, wenn er damit durch den Garten stolziert. Lassen Sie mich durch, ich bin Grillmeister! Hihi!)

Eine Star-Wars-Grillzange mit Sound. Dazu eine Schürze mit dem Spruch:

Vorsichtig sein du musst –
Die Wurst schon eine dunkle Seite hat!

(Dazu muss ich ja wohl nichts sagen, oder?).

Eine Senf- und eine Ketchuppistole. (Ja, es waren Michi und Boom! Wer sonst? Was für eine grandiose Sauerei! Was für ein Spaß!)

Und für die Kinder haben Michi und Boom übrigens noch was Tolles mitgebracht: essbare Grillkohle. Das sind Marshmallows, die aussehen wie Briketts! (Aus der Abteilung Lausige Pädagogik. Zum Glück sind unsere schon groß genug, dass sie demnächst nicht die echte Grillkohle anknabbern! *Hoffentlich* jedenfalls.)

Und natürlich: der Pizzastein von Marcel und Britta. (Damit wir unsere eigene Tarte Flambée machen können, hat Marcel gesagt. Wir werden natürlich trotzdem keine Tarte Flambée machen. Höchstens Flammkuchen!)

Jedenfalls hoffe ich auf ein stabiles Wettertief im nächsten August. Ich will nämlich gar nicht wissen, was es bis dahin für neuen Grillschrott auf dem Markt gibt.

Schweinedarm mit Charme

Von Wurstgefühlen übermannt

Seit mein Mann sich selbst zum Grillmeister ernannt hat, hat er richtige Allüren bekommen. Während es in der letzten Saison noch völlig normal war, eine Wurst auf den Rost zu hauen, tut er neuerdings so, als wäre die Bratwurst völlig unter seinem Niveau. Er verzieht richtig das Gesicht, wenn ich ihm vorschlage, einfach ein paar Thüringer oder Nürnberger zu grillen. Ich habe Marcel stark im Verdacht, dass er meinen Mann in seiner Wurstablehnung bestärkt hat. »Wurst ist doch kein Fleisch«, behauptete der nämlich neulich. Woraufhin mein Mann sagte: »Bratwurst ist gut – für Frauen und Kinder. Aber doch nicht für Kerle!« Und dann lachten sie kehlig in ihrer Verbrüderung im Fleische.

Als wir Britta und Marcel vor dem Biergarten treffen, wo das Sommerfest der Firma meines Mannes stattfindet, frage ich sie, warum ihrer Meinung nach Männer so auf die Wurst herabsehen. »Bestimmt, weil es keine Herausforderung mehr für sie ist, sie anständig zu grillen«, setze ich mutmaßend hinzu. Darauf Britta trocken: »Das Problem an der Wurst ist, dass es sie nicht als Vierhundert-Gramm-Steak gibt.«

Lachend entern wir den Biergarten. Ich bin sehr froh, dass Britta auch dabei ist. Heute wird nämlich auch... *na was wohl?* ... gegrillt. Und ich weiß jetzt schon, dass es massenweise Kommentare von unseren besserwisserischen Hälften hageln wird. »Wenn einer das Fleisch mit Bier ablöscht, gehe ich sofort nach Hause«, verkündet Marcel denn auch schon im Eingang.

»Die Chefin hat gesagt, es gibt was Besonderes«, informiert uns mein Mann.

»Pah! Womit wollen die uns denn beeindrucken?« Marcel klingt so, als hätte er sich fest vorgenommen, das auf gar keinen Fall zuzulassen. »Dazu müssten die schon ein Spanferkel grillen.«

»Oder einen ganzen Weideochsen«, schnaubt mein Mann. Die beiden lachen überheblich. Britta und ich werfen uns einen Blick zu. Das kann ja heiter werden. Doch zur großen Enttäuschung unserer Männer ist der Event des Tages nicht das Rösten eines Schlachtviehs kolossalen Kalibers. Als Überraschung präsentiert die Chefin einen Pavillon am Rande des Biergartens, unter dem zwei junge Männer in Kochjacken stehen, die Gemüse schnippeln. »Bei uns könnt ihr heute selbst wursten!«, erklärt die Chefin strahlend. Mein Mann und Marcel müssen diese Information erst einmal verdauen. Genau wie ich. »Hat sie gerade gesagt, *selbst wursten*?«, raune ich Britta zu. Die aber bringt gerade etwas anderes aus der Fassung.

»Steht da wirklich *Wurstgefühle,* oder täusche ich mich?«, fragt sie leise zurück. Tatsächlich! Auf dem Holzschild, das am Zeltdach baumelt, ist eingebrannt: *Wurstgefühle.*

»Na ja«, flüstere ich. »Beim Thema Fleisch und Grillen werden Männer nun mal emotional. Da spreche ich aus Erfahrung.« Wir seufzen unisono und setzen dann unsere dem Anlass entsprechenden Schmückendes-Beiwerk-Mienen auf.

»Das ist doch was für euch!«, sagt die Chefin und legt Marcel die Hand auf den Arm. »Wo ihr doch so gerne grillt, dachte ich, ihr müsst einfach auch lernen, wie man seine eigene Bratwurst herstellt.«

»Na klar«, posaunt Marcel, »das schauen wir uns gleich mal an!« Kaum ist die Chefin weg, legt er los: »Typisch Frau im Chefsessel. Da geht es immer nur um die Wurst, anstatt um was Richtiges.« Auch mein Mann schüttelt verächtlich den Kopf. Du meine Güte! Sie tun fast so, als wollte man ihnen *Tofu* servieren.

Trotzdem können sie es nicht lassen, am Wurststand Überheblichkeit zu demonstrieren. Der ist schon umringt von allerlei Zuschauern. Hinter einem Edelstahltisch arbeiten die beiden Köche, auf ihren grauen Schürzen prangt auch das Logo von *Wurstgefühle*. Auf ihrer Arbeitsplatte ein Fleischwolf, zwei Brettchen, blitzende Messer, Gewürze und eine große Wanne Fleisch. Auf einer Tafel ist zu lesen, was zubereitet wird:

Riesling-Wurst
Bolognese-Wurst
Bacon-Röstzwiebel-Wurst
Wildschwein-Apfel-Walnuss-Wurst

»Das klingt aber gut«, sage ich. Von Marcel und meinem Mann kommt kein Widerspruch, sie beschränken sich auf distanzierte Mienen.

»Wer sich die Hände gewaschen hat, darf mitmachen«, ruft der eine Wurstgefühle-Mann und deutet erst auf das Außen-Waschbecken, dann auf den Fleischwolf. »Wer will wolfen?«

Sofort herrscht ein Andrang, als gäbe es was umsonst. Dabei geht es hier nur darum, Fleischbrocken in einen Trichter gleiten zu lassen, mit einem Kunststoffstopfer runterzudrücken und vorne aus der Förderschnecke die dünnen Fleischfäden in eine Wanne zu befördern. Trotzdem sind die Kollegen mit Begeisterung am Werk.

»Na, wäre das nichts für deine Fleischwerkstatt?«, frage ich meinen Mann neckend. »Ein Fleischwolf?« Anstatt einer lautstarken Erwiderung macht er nur nachdenklich: »Hm.«

»Das war ein Witz, okay?«, sage ich alarmiert. Aber anstatt mich zu beruhigen, macht er nur wieder: »Hm.«

Britta und ich tauschen erneut einen langen Blick. Wohin uns dieses Grillhobby noch alles bringen wird. Unbekanntes Universum! Unendliche Weiten!

Nachdem dem Hackfleisch Zwiebeln und Gewürze zugefügt wurden, ertönt die Aufforderung: »Jetzt müssen wir das Ganze emulgieren!« Die Zuschauer sind etwas ratlos, deswegen erklärt der Wurstgefühle-Mann es noch einmal verständlich: »Das wird jetzt schön verknetet.«

»War ja klar, dass Männer einen überkandidelten Ausdruck für eine solche Matscherei haben«, sage ich zu Britta, als der Erste bis zum Ellenbogen in dem Fleischbottich hängt.

»Die Hände spreizen und von außen zur Mitte drücken, dabei eine Faust ballen«, ruft der Wurstgefühle-Mann und klingt fast wie ein Animateur. »Das Brät muss durch die Finger gleiten.«

Kaum geht das Gemansche los, ist mein Mann auch schon beim Waschbecken und präpariert sich, um selbst handgreiflich zu werden. Das war ja klar. Er ist so ein Spielkind, stelle ich belustigt fest. Marcel nippt dagegen an seinem Weißwein und gibt sich weiterhin distanziert. Vermutlich hat er Sorge, dass ein Spritzer Fleisch auf sein Polohemd *emulgiert*.

»Ihr dürft auch gerne mal probieren. Das Fleisch hat in Riesling gebadet!«, sagt der Wurstgefühle-Mann 1, während der zweite jetzt mit kleinen Holzspateln Probierhäppchen des rohen Bräts herumreicht. Britta und ich lehnen dankend ab. Mein Mann hat dagegen keinerlei Berührungsängste. »Oh wie köstlich!«, ruft er überrascht. »Das schmeckt ja wie *Schweinemarmelade*!«

Marcel kostet ebenfalls, wiegt kritisch den Kopf und sagt: »Ich würde noch eine Prise Majoran zugeben.«

»Nix. Das ist perfekt«, sagt mein Mann. Dieser energische Widerspruch passt Marcel nicht, vielleicht sieht er seine grillbezogene Vormachtstellung unterwandert, jedenfalls zieht er eine Schnute. Die Männer um den Wurststand dagegen geraten jetzt richtig in Ekstase, denn nun geht es ans sogenannte Einschlagen. Der Wurstgefühle-Mann erklärt, was es damit auf sich hat. Um die Luft rauszupressen, muss man aus dem Brät Kugeln formen und mit Schwung in den Behälter des Wurstfüllers schmeißen. Plötzlich flippen selbst weißhemdige IT-Spezialisten und bürokratietreue Sesselpupser aus, reißen sich die Krawatten vom Hals und wollen selbst mitmachen bei der Wurstballschlacht. Mein Mann mittendrin. Bei jedem guten Wurf wird gejohlt. »Ich komme mir fast vor wie im Kindergarten, wenn Fingerfarbenmalen angesagt ist«, sage ich zu Britta.

»Es ist unglaublich«, kommentiert sie. »Die sind ja richtig außer Rand und Band!«

Während der Wurstgefühle-Mann 2 sich an die Vorbereitung der nächsten Wurstsorte begibt, wird vorne am Tisch jetzt das Abfüllen vorbereitet. Dazu zupft Wurstgefühle-Mann 1 einen langen milchig-durchsichtigen Strang aus einem Knäuel, das in Salzlake eingelegt ist. »Das ist der Darm«, erklärt er und schiebt ihn auf die Tülle der Einfüllmaschine. Kichern bei den Männern, aber mit Blick auf die anwesenden Damen fallen erstaunlicherweise keine Kondomwitze. Mein Mann prescht vor, um abzufüllen. Der Wurstgefühle-Mann zeigt ihm, wie man den Darm am Ende zuknotet und dafür sorgt, dass das Brät gleichmäßig eingefüllt wird. Das geht ziemlich zackig, und im Nu liegt auf dem Tisch ein Meter Wurst. Mein Mann guckt so stolz, als hätte er ein Wollnashorn erwürgt. Die Chefin gesellt sich zu Britta und mir und betrachtet das Spektakel. »Na, habe ich es nicht gesagt?«, flüstert sie uns zu.

»Sie haben den Nagel auf den Kopf getroffen«, pflichte ich ihr bei.

Jetzt muss die Wurst nur noch abgedreht werden. Der Wurstgefühle-Mann macht es vor: Nach jeweils einer Bratwurstlänge werden auf beiden Seiten Lücken ins Brät gedrückt und die Wurst gedreht, so dass man nachher den Darm an den dünnen Stellen durchtrennen kann. »Das ist eine schöne Arbeit«, sagt der Wurstgefühle-Mann, »weil man sich hierbei nicht die Hände schmutzig machen muss.«

»So«, ruft Marcel und schiebt sich an den anderen vorbei an den Tisch. »Nun lasst den Meister mal ran.« Schwupps, hat er das Kommando übernommen und dreht die Würste ab, als hätte er nie etwas anderes getan.

»Marcel, Sie eignen sich bestens als Wurstmacher«, ruft die Chefin.

»Ich kann alles gut, das wissen Sie doch«, entgegnet Marcel und schleudert weiter mit einer solchen Hingabe die Würste, dass ihm die leicht genervten Blicke seiner Kollegen entgehen. Dann kommen die Würste auf den Rost und werden knusprig gegrillt in Chinakohlblättern serviert. Sogar die Gemüsebeigabe kann meinen Mann nicht mehr abtörnen – er ist völlig berauscht und schwärmt davon, wie lecker die sind und dass Selbstwursten wirklich ein Erlebnis sei. »Das ist ein tolles Gefühl, wenn die Wurst in den Darm gleitet.« Er ist so begeistert, dass ihm die Merkwürdigkeit dieses Satzes entgeht. Denn jetzt wendet er sich an mich und sagt: »Vielleicht sollten wir auch unter die Selbstwurster gehen und uns eine Einfüllmaschine kaufen.« Noch bevor ich protestieren kann, sagt Marcel: »Genau das habe ich mir auch gerade überlegt.«

Britta und ich rollen mit den Augen. Ach du meine Güte! Aber ich hätte es wissen müssen. Eine Edelstahl*maschine* für die *Fleisch*verarbeitung, darin sind zwei der wichtigsten Kaufargumente für Männer enthalten. »Wir könnten unsere eigenen Rezepte entwickeln«, sagt mein Mann.

»Ich hätte da auch schon einige Ideen«, tönt Marcel.

»Und dann weiß man auch, was in der Wurst drin ist!«, ruft mein Mann. Und dann muss ich plötzlich lächeln. Wer hätte das gedacht? Mein Mann, von Wurstgefühlen übermannt!

»Selbstwursten ist wirklich ein sehr unterschätztes Freizeitvergnügen«, preist er. »Du musst das unbedingt probieren. Ich wette mit dir, dass dir das total Spaß macht.«

Ich muss prusten bei der Vorstellung, demnächst in meinen Lebenslauf zu schreiben: *Mein Name ist Hanna Dietz, und meine Hobbys sind Lesen und Selbstwursten.* Aber was soll's. Wir sind auf diesem Grillgebiet schon so weit gekommen, da werde ich doch vor selbst gemachter Wurst nicht zurückschrecken. Und irgendwie bin ich auch froh für die Bratwurst, dass sie in der Achtung meines Mannes wieder so gestiegen ist. Von wegen Frauen- und Kinderfutter! »Gut«, sage ich lächelnd. »Dann kauf dir einen Wurstfüller!«

SCHLACHTERDIPLOM

Auf der Suche nach dem Metzger des Vertrauens

Mein Mann kommt nach Hause. Legt seine Tasche ab. Hängt die Jacke auf. Sagt keinen Ton. Ich merke natürlich gleich, dass da was nicht stimmt. Eben noch hatten wir telefoniert, da war er super drauf, weil er ein Projekt erfolgreich abgeschlossen hat. Das wollte er mit einem Besuch beim Metzger feiern – und natürlich anschließend mit einem romantischen Abendessen mit dem Grill (und mir). Und jetzt trägt er sein Grummelbrummel-Gesicht zur Schau. Vielleicht hatte der Metzger keine Schweinemedaillons mehr, nur noch Koteletts? Oder vielleicht hatte der Metzger sogar geschlossen? Auf jeden Fall ist irgendetwas passiert, was die Fleischversorgung beeinträchtigt. »Was ist?«, frage ich.

Ein Schnauben ist die Antwort.

»Warst du noch beim Metzger?«

»Ich war beim Metzger«, grollt er. »Aber ich sage dir: jetzt wirklich zum allerletzten Mal! Der Mann hat keine Ahnung!«

»Du meine Güte«, rufe ich voller Mitgefühl, »was ist denn passiert?«

»Er hat mir erzählt, man müsse Fleisch scharf angrillen,

damit sich *die Poren* schließen.« Er wirft die Hände theatralisch in die Luft und schüttelt derart entsetzt den Kopf, als hätte der Metzger behauptet, Cordon bleu wäre eine *Farbe.*

»Aber ist das denn nicht so?«, frage ich verblüfft. Schließlich weiß doch jedes Kind, dass die Poren geschlossen werden müssen.

»Nein!«, ruft er heftig. »Das ist ein Mythos, den irgendein Idiot in die Welt gesetzt hat. Genau wie der angeblich so hohe Eisengehalt in Spinat! War ja auch nichts anderes als ein Kommafehler.«

»Aber ist doch nicht schlimm«, beschwichtige ich ihn.

»Wenn du das mit den Poren glauben willst, gut, das ist nicht schlimm«, ruft er immer noch aufgebracht. »Aber ein Metzgermeister sollte doch wohl wissen, dass Fleisch gar keine *Poren* hat. Nur Muskel*fasern.*« Er regt sich richtig auf. Ich schiebe die Unterlippe vor, damit er merkt, dass es durchaus beleidigend ist, wenn er meint, Unwissenheit würde *bei mir* nicht ins Gewicht fallen. Aber nun gut – er ist aufgebracht genug, also halte ich lieber die Klappe. »Jedenfalls müssen wir uns einen neuen Metzger suchen«, schlussfolgert er. »Ein Mann mit Grill braucht einen Metzger des Vertrauens.«

Du liebe Zeit. Ein Frisör des Vertrauens, ja. Ein Bankberater des Vertrauens, auch das. Aber ein *Metzger* des Vertrauens?

»Natürlich«, sagt mein Mann. »Wir müssen doch wissen, dass er gutes Fleisch von glücklichen Tieren verkauft.« Ich verkneife mir eine Bemerkung über die Relativität des Glücks von Schlachtvieh. Ich meine, wie glücklich kann man sein, wenn man tot ist?

Dennoch heiße ich es ja prinzipiell gut, dass mein Mann so hohe Ansprüche an Fleisch und damit an den Metzger seines Vertrauens hat. Was die Suche allerdings nicht so einfach macht. Beim ersten Metzgertest bin ich zufällig dabei. Wir schauen uns die Auslage an, die sowohl mit Frischfleisch als auch mit allerlei zubereiteten Fleischgerichten wie Frikadellen und Gulasch bestückt ist. So weit, so appetitlich. Mein Mann verwickelt die Fleischereifachverkäuferin in ein Gespräch, wobei ich nur Pastorenstück verstehe und den Rest nicht (was ja aber auch nicht schlimm ist, schließlich habe ich bis vor Kurzem auch noch an die Poren-Legende geglaubt!). Die Fleischereifachverkäuferin lässt jedenfalls meinen Mann reden und reden und antwortet schließlich: »Rumpsteak ist recht?«

»Also, ein Pastorenstück haben Sie nicht«, stellt mein Mann enttäuscht fest.

»Nicht, dass ich wüsste«, sagt die Fleischereifachverkäuferin. »Aber Jägerschnitzel gibt's.«

Ich höre das leise Stöhnen neben mir, fange seinen Blick auf und weiß, diese Metzgerei hat verspielt.

Der nächste Test ist an der Fleischtheke des Supermarkts. Hier spielt sich folgende Szene ab:

Mein Mann: »Was für eine Art Rippchen haben Sie?«

Der Verkäufer: »Schweinerippchen.«

»Spareribs oder Babybackribs?«

»Sie stellen Fragen.«

»Dann mal eine einfache Frage«, mische ich mich ein und zeige auf zwei Schalen mit Grillfleisch. »Die Koteletts da sind ja fertig mariniert. Was ist das denn für eine Gewürzmischung?«

Der Verkäufer starrt einen Moment auf die Schalen in der Kühltheke und sagt dann: »Na, rot und grün.«

Langsam dämmert mir, wieso mein Mann einen Metzger des Vertrauens braucht. Aber so einfach ist der gar nicht zu finden. Vor allem, weil wegen der Konkurrenz aus dem Discounter immer mehr Metzger schließen. Das ist schade. Und ich merke richtig, dass meinem Mann etwas fehlt. Er hat diese Rastlosigkeit, die mich auch befällt, wenn ich etwas suche, was ich dringend brauche. (Zum Beispiel den perfekten Nagellack in einer durchsichtig-milchigen Farbe zwischen rosa und nude mit ein kleines bisschen Glitzer drin. So einen hatte ich mal, aber den gibt es offensichtlich nicht mehr! Unverschämtheit!)

Als er heute etwas später von der Arbeit kommt, grinst er happy. »Ich habe ihn gefunden!«

Einen kleinen Augenblick hoffe ich, er meint den Nagellack, aber dann fällt es mir natürlich ein. Der Metzger!

»Er wusste natürlich sofort, dass die Porenlegende falsch ist«, schwärmt mein Mann. »Er hat einen Lieferanten für Charolais-Rindfleisch *und* Simmentaler Beef – und er hat sich sogar gefreut, dass ich mir einen Wurstfüller kaufen möchte. Jetzt muss ich ihm nur noch ein bisschen Nachhilfe mit den amerikanischen Cuts geben, dann ist alles in Butter.«

Was ich für einen Witz halte, ist mal wieder keiner. Mein Mann arbeitet jetzt in der Metzgerfortbildung. Regelmäßig zieht er los, um seinem neuen Metzger des Vertrauens irgendwelche Bilder aus dem Internet von bestimmten Steaks oder Rippchen zu zeigen, damit der weiß, worum es sich jetzt genau handelt. Und seit er meinem Mann einmal ein Pastorenstück besorgt hat, habe ich den Eindruck, die beiden werden noch Freunde.

ABENDSTUND
HAT FLEISCH IM MUND

Zu Gast bei Stichflammen-Gerd und anderen Flachgrillern

Grillen ist ja Volkssport, und die Einladungen in der schönen Jahreszeit beinhalten fast immer auf offenem Feuer geröstete Fleischwaren. Wir haben diesen Sommer jedenfalls schon einige Barbecue-Events erfolgreich hinter uns gebracht – und wieder einmal festgestellt, dass Überraschungen vorprogrammiert sind, wenn andere Leute den Grill anschmeißen. Ich denke da nur an den unvergesslichen Abend bei Timo, bei dem der Gastgeber auf die glorreiche Idee kam, eine Ziegenkeule auf den Rost zu werfen, die irgendwann kurz vor Mitternacht durch war – genau wie die Gäste, die bis dahin zwangsweise Bierdiät machen und sich Timos Zitatsammlung zum Thema Feuer und Fleisch anhören mussten, da ging es um geklaute Kühe und dass man davon nicht fett wird und dass das Ende des Schweins der Anfang der Wurst ist oder so. Merken kann ich mir nur seinen an diesem Abend selbst kreierten Spruch: Abendstund hat Fleisch im Mund. (Wobei diese spezielle Abendstund vor allem Bier im Mund hatte, weswegen wohl auch der Ausspruch geboren wurde.)

Erwähnenswert ist auch der Abend bei Holger und Biggi, die sich trotz äußerst beengter Wohnverhältnisse nicht dem Grilltrend verschließen wollten und tapfer einen Elektrogrill auf ihrem Vier-Quadratmeter-Balkon aufstellten. Einen *Elektro*grill. Mein Mann kriegte sich kaum ein vor Mitleid! Und es hagelte von den männlichen Gästen ziemlich dumme Kommentare über die Tussi-Variante. Man hätte fast meinen können, Holger hätte seine Männlichkeit auf dem Altar der Hausordnung geopfert! Holger war es offensichtlich auch peinlich, jedenfalls hörte er nicht auf, sich über den kleinlichen Vermieter zu beschweren, der einem ja nicht erlauben würde, mit Holzkohle auf dem Balkon zu zündeln. Als Holger seinen Kritikern die Mäuler mit ziemlich leckeren und kross gebratenen Steaks stopfte, wendete sich jedoch das Blatt, und auf einmal waren die Jungs bereit, sich anerkennend den technischen Details des Elektrogrills zu widmen. Erst als Holger schwärmte: »Und man braucht keinen Anzünder, und es riecht auch gar nicht«, fiel den Jungs wieder ein, dass sie es hier ja mit der unmännlichsten aller Grillarten zu tun hatten, was sie Holger natürlich sofort erneut dick aufs Brötchen schmierten.

Heute sind wir bei Gerd zum Grillen eingeladen. Besuche bei Gerd weisen seit jeher gewisse Spannungsmomente auf, so dass es heute wieder interessant werden könnte. Er wohnt ein paar Kilometer außerhalb von Köln auf einem großen Grundstück mit Apfel- und Pflaumenbäumen. Wenn man Gerd begegnet, denkt man angesichts seines schluffigen Aussehens, er wäre einer dieser faulen Säcke, die sich selbst Lebenskünstler nennen. In Wirklichkeit ist er ein ziemlich gut bezahlter Computerfreak, der sich nur so nachlässig kleidet, weil er a) auf der Arbeit sowieso niemandem begegnet (da er mit Hilfe einer Satellitenverbindung alles von zu Hause aus erledigt) und b) zwischendurch die Hühner füttern und mit seinen Hunden Mayo und Ketchup auf der Wiese rumtoben muss. Da Gerd zwar äußerst liebenswert, aber in allen Dingen, die nichts mit einer Tastatur zu tun haben, auch äußerst unpraktisch, um nicht zu sagen *fahrlässig,* ist, rätseln wir seit Langem, ob es die Zerstreutheit eines Genies ist oder ob hinter seiner Tollpatschigkeit nicht doch bohnenstrohige Dummheit steckt. Ich lehne mich jedenfalls nicht zu weit aus dem Fenster, wenn ich behaupte, seine herausragenden Informatikkenntnisse sind eine Inselbegabung. Eines seiner größten Defizite im sozialen Bereich betrifft seine Gastgeberqualitäten. Von ihm stammt die legendäre Sammlung *Sätze, die ein Gast nicht hören möchte.* Darin befinden sich Äußerungen wie: »Möchtet ihr ein Bier? Dann müsst ihr welches kaufen.« Oder: »Hier, das könnt ihr essen, das ist noch nicht schimmelig.« Und: »Nein, das ist keine Halloween-Dekoration, das sind echte Spinnenweben.«

Als wir ankommen, begrüßt uns Gerd mit einer herzlichen Umarmung und selbst gemachtem Apfelsaft. Wir werfen Stöckchen und Bälle mit den Hunden. Gerd zeigt uns eine gruselige Metallskulptur, die seine neue Freundin fabriziert hat, eine Art liegender Zombie, der mit seinen vier Extremitäten eine Glastischplatte hält. »Wollt ihr von dem Tisch essen?«, fragt Gerd. Ich starre auf das aufgerissene Blechmaul des Zombies und schüttele den Kopf. »Hab ich mir gedacht!«, stößt Gerd zufrieden hervor. »Habe ich Eva auch gesagt. Jetzt ist sie natürlich beleidigt. So. Was wollte ich denn? Ach ja. Den Grill!«

Er zerrt den Grill aus seinem Schuppen. Es ist ein ziemlich schiefer Säulengrill, in dem ein vermodernder Holzscheit liegt, der einer Kolonie Asseln als Aufzuchtstation dient.

»Die verkokeln gleich«, freut sich Gerd. »Ich hasse Asseln. Da machen wir mal einen schönen Scheiterhaufen.«

»Hast du einen Anzündkamin?«, fragt mein Mann.

»Einen *was*? Nee, hab ich nicht. Und wo ist denn jetzt die Kohle?« Er taucht erneut in seinem Schuppen ab und kommt mit einer halben Tüte Holzkohle wieder raus. Die Papierpackung hat Stockflecke.

»Meinst du, das funktioniert noch?«, fragt mein Mann. »Sind die nicht feucht geworden?«

»Läuft, Junge! Läuft!«, antwortet Gerd mit verstellter Stimme und kippt die Kohlen auf den Grill, stopft Zeitungspapier dazwischen und fackelt das Ganze an. Zum Glück hat er so ein weitläufiges Grundstück, dass wir aus sicherer Entfernung die Qualmentwicklung beobachten können, die es mit der Schadstoffemission eines honduranischen Frachters aufnehmen kann. »Das brennt ja gar nicht richtig«, sagt Gerd enttäuscht. »Da muss noch ein bisschen Musik rein.« Er greift nach ein paar lackierten Brettern, die neben dem Schuppen lagern. Mein Mann kann ihn gerade noch davon abhalten, das giftige Zeug ins Feuer zu schmeißen. »Echt nicht?«, fragt Gerd und zuckt mit den Schultern. »Na gut.« Er knallt die Bretter zurück auf ihren Haufen. »Aber das muss jetzt mal voranmachen, das Feuer. Hab gehört, es soll später regnen.«

»Regenwahrscheinlichkeit sechsundsiebzig Prozent«, weiß mein Mann. »Was gibt es denn Gutes für den Grill?«

»Äh. Ach so. Ich habe da so ein paar Sachen geholt, die sind in der Küche.«

Mein Mann und ich werfen uns einen Blick zu und beschließen, dass es sicherer ist, vorher zu checken, was Gerd anbieten möchte. Aber erstaunlicherweise ist es gar nicht furchtbar. »Solides Grillgut«, befindet mein Mann angesichts von Bratwurstschnecken und Bauchspeck-Fackeln. Ich freue mich über die Maiskolben, die noch hübsch in ihrer natürlichen Verpackung stecken. Vermutlich hat Gerd sie vom Feld geklaut. Wir bringen noch Bier mit raus, das Gerd wie immer *nicht* in den Kühlschrank gestellt hat – und werden Zeuge folgender Szene: Gerd nähert sich dem qualmenden Grill. In der Hand eine Flasche. Eine *seltsame* Flasche. Grünes Plastik. Auf dem Etikett ist ein Feuerzeichen drauf. »Das ist doch …«, sagt mein Mann und saugt erschreckt Luft ein. »Brennspiritus!«

Gerd klappt den Deckel auf, richtet die Düse auf den Grill und …

»GERD!!! NIIIIICHT!«, schreien wir. Zu spät! Gerd spritzt eine Fontäne Brennspiritus in den Schwelbrand. Mit einem Puff schießt die Stichflamme hoch in den Himmel. Gerd steht da, angeleuchtet wie eine arme Seele an der Höllenpforte. Mayo und Ketchup jaulen erschrocken auf, mein Mann und ich erstarren, wie vom Donner gerührt. Die Flamme sackt in sich zusammen, Gerd steht immer noch da. Wie durch ein Wunder brennt er nicht. »Gerd?«, rufe ich. »Alles in Ordnung?«

Gerd dreht sich zu uns um. Sein Gesicht ist mit dunklen Ascheflocken gesprenkelt. »Wow!« Er schaut auf seine Arme. »Wow!«, wiederholt er und streicht mit der rechten Hand über seinen linken Unterarm. »Das nenne ich eine glatte Rasur.«

Er schüttelt die Brennspiritusflasche. Jetzt ist sie leer. Dass vorher nur noch wenig drin war, hat ihm wohl das Leben gerettet. Oder zumindest vor schlimmeren Verletzungen bewahrt. »Okay«, sagt Gerd angesichts des lustig knisternden Feuers. »Da können wir gleich mal was zum Grillen draufschmeißen.« Und dann bricht Gerd auf einmal zusammen, der Kreislauf gibt nach. Wir legen ihn auf die Wiese und halten ihm die Beine hoch, Mayo schleckt ihm über das Gesicht, und Ketchup legt sich solidarisch neben ihn. Nach ein paar Minuten hat Gerd sich erholt. »Scheiße, Mann«, sagt er. »Das war aber krass.«

»Das kannst du laut sagen«, sage ich. Nachdem wir den Schock überwunden haben, grillen wir. Gerd fällt ein, dass er auch noch Salat besorgt hat. Und Tsatsiki und Brot. »Aber ich bin jetzt zu faul, um aufzustehen. Und ihr wollt doch bestimmt auch nichts davon.« Mein Mann und ich grinsen uns an. Da ist er schon wieder ganz der Alte. Gerd, der Gästeschreck. Gott sei Dank bleibt er uns im ganzen Stück erhalten. Wir hätten ihn sonst sehr vermisst.

IM BANN DER EXOTEN

Nutria ist das neue Schwein

Mein Mann hat einen Flyer in die Finger bekommen. Er heißt – Achtung, Wortspiel in Englisch! – *Internationales Meating*. Darauf sind Fleischbatzen abgebildet, die man beim Metzger um die Ecke niemals bekommen würde: Krokodil, Strauß, Känguru, Lama, Zebra, Klapperschlange. »Das ist doch mal eine coole Abwechslung für den Grill!«, ruft mein Mann begeistert. Ich starre ihn mit meinem besten Achtung-der-Verstand-hat-soeben-die-Umlaufbahn-verlassen-Blick an. »Habe ich das richtig verstanden?«, frage ich entgeistert. »Du willst dich jetzt auch noch durch die *Zootierhandlung* fressen?«

»Na ja«, sagt er patzig. »Man muss doch auch mal was ausprobieren!«

»Wo steht das?«, schnaube ich. »In den internationalen Grillvorschriften?

»Du sagst doch selbst, dass man seinen Horizont in Essensdingen erweitern und auch mal über den Tellerrand schauen muss!« Er schiebt anklagend die Unterlippe vor.

»Ja. Aber damit meinte ich *Quinoa*. Und *Queller*. Und vielleicht auch mal *Quorn*!«

Jetzt guckt *er* so, als hätte er sich an einer Hirsefrikadelle verschluckt. Oder als hätte ich irgendwas Seltsames gesagt. »Was soll denn der *Q-U*-atsch? Willst du mich total ver-*quäppeln*?«, fragt er.

»Typisch, dass du das alles nicht kennst«, sage ich anklagend. »Und warum? Weil du dich nur für Fleisch*fleisch*-FLEISCH interessierst!« Und bevor er erneut eine unqualifizierte Bemerkung beisteuern kann, sorge ich für ein bisschen Nachhilfe in Sachen gesunder Ernährung. »Quinoa ist eine südamerikanische Hülsenfrucht, und Queller hast du schon mal im Urlaub gegessen, das sind diese Algen.«

»Ha! Aber Quorn hast du dir ausgedacht«, wirft er triumphierend ein.

»Hab ich nicht. Quorn ist ein Fleischersatz, der hauptsächlich aus Mykoproteinen besteht, einem aus Pilzkulturen gewonnenen Eiweiß«, referiere ich stolz über meine außergewöhnlichen Kenntnisse im Bereich der Vollwertkost. Aber mein Mann, dieser störrische Esel, tut natürlich so, als wäre er kein bisschen beeindruckt.

»Du willst irgendeine Pampe aus Pilzkulturen essen, aber wenn ich einen Krokodilschwanz probieren will, regst du dich auf?«, fragt er ungerührt zurück.

»Ich rege mich nicht auf«, rufe ich aufgebracht, »aber ich finde es einfach nicht angebracht, diese Tiere zu essen. Und überhaupt: Ist das nicht verboten?«

»Offensichtlich nicht«, sagt er und wedelt mit dem Flyer. »Und abgesehen davon: Wo ist der Unterschied, ein Schwein zu schlachten oder ein Känguru? *Moralisch* gesehen?«

»Ein Känguru ist nun mal … *süßer*«, sage ich mürrisch, um mangelnde Stichhaltigkeit mit Kratzbürstigkeit wettzumachen.

Er lacht überheblich. »Wusste ich es doch! Auch bei dir kommt erst das Fressen und dann die Moral.« Also wirklich! Jetzt zieht er sogar Bertolt Brecht auf seine Seite!

Ein paar Tage später kommt er nach Hause, mit einem Paket dunkelrotem Fleisch unterm Arm. Sohnemann, der zwischenzeitlich auch den Exoten-Flyer studiert hat, stürzt sich darauf und ruft aufgeregt: »Hast du Zebrafleisch gekauft?«

»Das ist kein Zebra«, sagt Töchterchen fachmännisch. »Das ist nicht gestreift.«

»Was ist es dann?«, fragt Sohnemann drängend. »Känguru?«

Töchterchen bekommt große Kulleraugen. Sie geht in die Känguru-Klasse. Ein kleines Plüschkänguru namens Rudi ist ihr Klassentier. Wenn mein Mann wirklich Rudi auf den Grill schmeißt, dann gibt es Tränen. Auf *beiden* Seiten, dafür werde ich schon sorgen. Doch zu meiner großen Erleichterung sagt mein Mann: »Ich würde doch nie Känguru essen.« Töchterchen atmet erleichtert auf.

»Krokodil, Strauß und Kamel schon«, sagt mein Mann.

»Ist das Krokodil?«, ruft Sohnemann. »Sag schon, Papa, was ist das?«

Aber dann offenbart mein Mann, dass es doch nicht so ganz exotisch ist. Das Fleisch stammt vom Hirsch aus dem Bonner Forstamt. »Mit ein paar schönen Hirschspießen vom Grill betreiben wir Forstpflege«, sagt er, als hätte er eine Auszeichnung verdient. Er fängt meinen skeptischen Blick auf und sagt: »Ich habe auch eine Quelle für Nutria aufgetan. Soll auch vorzüglich schmecken.«

»Nutria … ist das nicht diese *Ratte*?«, frage ich.

»Nutria ist eine Biberratte, manchmal auch Sumpfbiber genannt«, doziert Sohnemann. »Sie stammt eigentlich aus Südamerika, lebt aber jetzt auch in Europa.«

»Genau«, sagt mein Mann und lächelt mich herausfordernd an.

»Ratte kommt schon mal gar nicht ins Haus«, sage ich drohend.

»Aber die stammt garantiert nicht aus der Zootierhandlung«, provoziert mein Mann weiter. »Die ist nicht süß. Die darf man … krrg.« Er macht eine Halsabschneidebewegung.

»Grill den Hirsch«, knurre ich. Und morgen gibt es was mit Qu.

Wann wird es wieder richtig Herbst?

Von Mücken und anderen Plagegeistern

Der Sommer ist ja auch eine Pflicht. Vor allem, wenn andauernd schönes Wetter ist. Da gebietet es die Carpe-Diem-Mentalität, die ich ja auch immer predige (warum eigentlich?), dass man die Tage »genießen« muss. Wer ein bisschen was auf sich hält, kostet das herrliche Wetter aus. Bewundert tagsüber die Schmetterlinge, die sich an den Blüten laben, und zündet abends romantische Kerzen an. Führt gedämpfte Gespräche, die laue Luft auf der Haut. Lauscht dem Grillenzirpen. Hält nach Glühwürmchen Ausschau. Und macht all den ganzen anderen Achtsamkeitsquatsch. Zum Glück ist ja der Himmel über Köln so diesig, dass man sich wenigstens das Sternschnuppenausschauhalten und Milchstraßenstarren sparen kann. Es ist Anfang September. Ich stelle fest, der Sommer nutzt sich ab.

Die Wespen schwirren (vereinzelt).

Die Mücken summen (in Horden).

Wir haben in dieser Saison schon vier Flaschen Antibrumm und Mückenweg und Schlagsietot und wie sie alle heißen verballert. Ich kann das Zeug nicht mehr riechen.

Ich will rein.

Die neue Staffel *Bloodline* ist vielleicht schon online.

Stattdessen sitze ich auf der Terrasse und schaue meinem Mann zu, der am Grill hantiert. Es dämmert bereits. Ein erstaunter Blick auf die Uhr verrät: Es ist erst halb acht! Irgendwie haben wir heute zu spät angefangen zu grillen und gar nicht bedacht, dass es früher dunkel wird. Die langen Tage sind eindeutig vorbei. Ohne Taschenlampe ist nicht mehr zu erkennen, ob die Koteletts gut sind oder nicht. Mein Mann flucht. »Oh«, sage ich zufrieden. »Na, dann wird es ja bald nichts mehr mit Grillen.« Netflix, ich komme!

Mein Mann dreht sich erschrocken zu mir um. Überlegt einen Moment und erwidert: »Blödsinn. Wir müssen einfach nur das Licht hier draußen ändern.« Er wirft mit prüfenden Blicken nur so um sich. »Wenn wir zum Beispiel da einen Scheinwerfer anbringen«, sagt er und zeigt auf die Hauswand oberhalb des Wohnzimmerfensters, »dann haben wir das ganze Jahr über auf der Terrasse ausreichend Licht.«

Ein Schauder läuft mir über den Rücken. »Aber du hast mir versprochen, dass im Oktober Schluss ist mit Grillen.«

»Ja, aber doch nur, weil wir gar nicht die *Möglichkeiten* haben, im Herbst und Winter draußen zu grillen«, widerspricht er. »Aber mit dem richtigen Licht und einem Heizpilz und einem kleinen Dach, damit die Wärme sich hält...«, grübelt er und sieht sich um. Das Glitzern in seinen Augen erkenne ich auch im Halbdunkeln. Dieses Wolkenkuckucksheim muss ich ihm sofort austreiben. »Auf gar keinen Fall«, protestiere ich. »Wie soll ich denn die ganzen tollen Serien schaffen, wenn wir im Herbst immer noch hier draußen rumhängen?«

Aber er hört gar nicht richtig zu, sondern ist bereits in Gedanken über seine Flutlichtanlage für den Grillplatz versunken. Aber eines steht fest: Wenn er das wirklich macht, verbanne ich ihn endgültig in seine Fleischwerkstatt. Und schließe die Tür von außen ab.

FLEISCHPORNO

Grillmeister
unter sich

Ich habe durch meinen Mann ja jetzt schon einiges an Grillchinesisch gelernt, aber das heißt noch lange nicht, dass ich (selbst ernannte) Grillmeister auch verstehe. Besonders, wenn sie unter sich sind, reden sie einfach einen Haufen seltsames Zeug.

Neulich waren wir mit Marcel und Britta auf der Spoga und Gafa. Der Sport- und Gartenfachmesse in Köln. Während Britta und ich uns die Gartenabteilungen ansahen, gingen die Männer natürlich in die BBQ-Hallen, wo die neuesten Neuheiten für die nächste Saison vorgestellt wurden. Wie man sich vorstellen kann, trafen dort haufenweise Grilloholics aufeinander. Als wir uns später auf dem Außengelände wieder vereinten, hatten unsere Männer schon Anschluss an die Community gefunden und waren mit anderen Grillbesessenen ins Gespräch vertieft. Diesen zuzuhören ist wirklich ein Erlebnis.

Britta und ich saßen da, tranken ein Bier und stellten unsere Unterhaltung ein, nachdem wir aufmerksam wurden auf das Hörspiel *Der Mann lebt nicht vom Brot allein*.

Der Erste sagt: »Ich habe mir einen richtigen Boliden gekauft!«

»Höhöhö. Wie viel PS hat er denn?«

»Der Stabbrenner hat fast 18 kW!«

Allgemeines anerkennendes Gejohle. »Da kann man ja einen ganzen Ochsen drauf braten!«

Der Mann gegenüber, der gerade einen Burger in weniger als einer Minute verputzt hat, verkündet: »Männer, die bei einem Grillabend weniger als fünfhundert Gramm Fleisch essen, sind Weicheier. Und Frauen, die nicht mal über ihren Schatten springen und dreihundert Gramm verputzen, sind Tussis. « Und nach einer Pause fügt er hinzu: »Haben sie halt Verstopfung am nächsten Tag. Na und? «

Mein Mann redet auch schon so, als bestünde sein Hirn aus Chateaubriand. Gerade trägt er Folgendes zur Unterhaltung bei: »Jeder, der sagt, Lammfleisch – igitt, ist Kreisliga. Grilltechnisch gesehen. Da gibt es keine Chance auf den Aufstieg. Genau wie jeder, der prahlt: Ich habe ein Kilo für vier Euro neunundneunzig bekommen – auch Kreisliga! Und die, die ein Steak ganz durchgebraten haben wollen – absolut und ganz klar Kreisliga!«

Applaus brandet auf. Die Themen wechseln so schnell wie ein Spanferkel am Spieß seine Position. Jetzt sucht einer eine »Wildschwein-Beteiligung«. Es ist in Grillkreisen offensichtlich eine Art anerkanntes Investment, sich große Wildtiere zu teilen. Weil so ein ganzes Vieh ja leider nicht komplett in die Gefriertruhe passt. »Stellt euch vor«, stöhnt der eine. »Meine Frau will da tatsächlich auch Gemüse reintun.«

»Du Armer«, heißt es sofort von allen Seiten. Im Mitleid mit Ehemännern von Gemüseliebhaberinnen ist man sich genauso einig wie in der Meinung über die Qualität heimischer Wildtiere, die eine gute Abwechslung sind – vor allem zu den Angeboten aus Südamerika.

»Kannst du nicht mehr kaufen«, ruft einer. »Argentinien ist so was von durch.«

»Ich hatte auch schon so viel südamerikanischen Fleischschrott!«

»Neuseelandfleisch dagegen ist geil. Galicien Beef auch!«

Jetzt schaut einer gewichtig in die Runde und verkündet mit purem Ernst: »Ich sag euch: Irish Black Angus ist totaler Fleischporno!«

Du liebe Güte! Das ganze viele Fleisch wirkt sich offensichtlich wirklich auf die Testosteronproduktion aus. Jetzt fängt der Nächste an, vom *Gaumensex* mit einem Hereford-Rindersteak zu schwärmen.

Und Britta sagt, ohne eine Miene zu verziehen: »Ich glaube, ich kriege gleich einen Rhetorik-Orgasmus.« Dann prusten wir beide gleichzeitig los. Man kann über dieses Grillvölkchen sagen, was man will: Langweilig ist es jedenfalls nicht.

ABGRILLEN

Das Feuer
erlischt

Ein letztes Grillen an einem schönen Samstag Mitte Oktober. Weil Herr Lubitz in letzter Zeit immer so mürrisch war, wenn er mich gesehen hat, habe ich meinen Mann überredet, ihn und seine Frau einzuladen. Erstaunlicherweise haben unsere Nachbarn sich sehr gefreut. Jedenfalls fiel bislang keine einzige bissige Bemerkung. Mein Mann hat sich richtig ins Zeug gelegt. Es gibt selbst gemachte Würstchen (ja, der Wurstfüller ist mittlerweile bei uns eingezogen!). Sie sind ein bisschen verbeult, aber geschmacklich einwandfrei (Caprese! Mit getrockneten Tomaten und Mozzarella! Sensationell!). Außerdem auf dem Grill: Seeteufelspieße mit Koriander und Limettenspalten. Dazu einen kühlen Weißwein und einen Salat mit Zuckererbsenschoten (gegen den mein Mann sich auch nicht gewehrt hat). Ich bin erstaunt, wie gut mein Mann geworden ist, wie wunderbar es schmeckt und wie lässig er am Grill hantiert. Er ist richtig in seinem Element!

Aber ich bin auch erleichtert, dass die Grillsaison endlich vorbei ist. Kein Mückenabwehrspray mehr, nicht mehr das ewige Rein- und Rausgeschleppe – und kein schlechtes Gewissen mehr dem Nachbarn gegenüber wegen des

Qualms. Wir versprechen den Lubitz', dass nach diesem Tag Schluss ist mit Grillen für das Jahr und entschuldigen uns für die Rauchbelästigung.

Die beiden schauen uns erstaunt an, und dann gesteht uns Herr Lubitz: »Die Rauchbelästigung war kein Problem! Sondern eher der *Geruch*!«

»Äh«, mache ich. »Ich verstehe nicht.«

»Aber ... hat das nicht gut gerochen?«, fragt mein Mann.

»*Doch*«, sagt Frau Lubitz.

»Viel zu gut!«, ruft Herr Lubitz empört. Er zieht eine Grimasse und fügt verlegen hinzu: »Ich habe in diesem Jahr drei Kilo zugenommen, weil ich jedes Mal Appetit bekommen habe, wenn ich im Garten war!«

Und da schauen wir uns an und prusten alle los. Das ist ja ein Ding! Da sieht man mal wieder, wie einfach man Probleme lösen kann, wenn man nur mal drüber spricht. Jedenfalls zeigt sich Herr Lubitz schwer beeindruckt von der fachmännischen Grillerei meines Mannes und hat gar keine Besserwisserbemerkungen auf Lager – im Gegenteil, er lässt sich gerade ein paar wesentliche Dinge erklären, die mein Mann mit Begeisterung vorführt. Und ich – ich gebe mir einen Ruck und höre mir von Frau Lubitz endlich mal an, wie ich das mit den Rosen richtig mache, so dass sie auch im nächsten Jahr noch schön blühen. Sie ist natürlich froh, dass sie ihr Fachwissen anbringen darf.

Und so bestätigt sich mal wieder: Eine gute Nachbarschaft besteht immer aus Geben und Nehmen. Als unsere Nachbarn schon wieder rübergegangen sind, sitzen wir noch in Decken gehüllt (besser gesagt: ich in Decken gehüllt, mein Mann weigert sich ja beharrlich, zu frieren!) auf der Terrasse und schauen mit ein bisschen Wehmut auf die letzten bunten Blätter an den Bäumen.

»Aber aus Marcels Grillatelier ist nichts geworden«, sage ich.

»Nein«, sagt mein Mann. »Er hat gesagt, er hätte auf der Arbeit doch so viel zu tun. Nächstes Jahr will er das angehen.«

Ich habe da von Britta was anderes gehört. Marcels erster Clip hat keine hundert Clicks bei Youtube erzielt. Und auch seine Versuche, einen Sponsor zu finden, sind kläglich gescheitert. Wie mir Britta neulich am Telefon erzählte, haben die Grillhersteller Marcel sehr freundlich klargemacht, dass mittlerweile jeder, der eine Grillgabel und ein Smartphone bedienen kann, einen Sponsor sucht und dass sie regelrecht *belagert* werden. Da reicht es nicht, ein paar Clips ins Internet zu stellen, man muss schon richtig was geleistet haben. Das hat Marcel natürlich frustriert. Was Britta zu der Aussage bewog: »Männer sind wie Grills. Man muss sie ständig anfeuern.«

Mein Mann lacht, als ich ihm die wahren Hintergründe für Marcels stagnierende Grillmeisterkarriere erzähle. »Er ist schon echt ein Angeber«, sagt mein Mann. »Aber gelernt habe ich viel von ihm.«

Und mit diesem schönen Nachmittag klingt bei uns die Grillsaison aus. Als es schon stockdunkel ist, sagt mein Mann: »Sollen wir reingehen und fernsehen?«

»Lass uns noch warten, bis die Glut aus ist«, sage ich, nehme seine Hand und halte mein Gesicht in Richtung des Grills, der immer noch eine sanfte Wärme ausstrahlt.

EINKAUFEN

Apfelsaft
Barbecue-Sauce
Baby Back Ribs

Ist das dein
Ernst?

Jep. Mein voller.

I ♥ U!

OH GELIEBTE RIPPCHEN!

Alles hat ein Ende, nur die Grillsaison nicht

Es ist Dezember. Die Tage sind kurz und dunkel, der Garten ist eine karge kalte Wüste. Die beiden Grills harren in der Garage auf den Frühling. Ich habe die ersten Lebkuchen gekauft und Schokoweihnachtsmänner. Morgen ist Nikolaus. Doch meine weihnachtlichen Gelüste nach Spekulatius und Dominosteinen haben sich noch gar nicht eingestellt. Im Gegenteil. Schon seit heute Morgen habe ich so einen verhängnisvollen Appetit auf Fleisch. Ich schaue meine Pfanne an und weiß, es ist nicht dasselbe. Ich brauche diesen ganz speziellen Duft. Und diesen ganz speziellen Rauchgeschmack. Mein Mann liest Nachrichten auf dem Tablet. »Was würdest du denn davon halten«, fange ich vorsichtig an, »wenn du heute kochst?«

Er sieht mich überrascht an. »Du meinst…?«

Ich nicke.

»Ist das dein Ernst?«

»Aber wie! Für Spareribs würde ich gerade so ziemlich alles machen.«

Er schaut mich an, als sähe er mich das erste Mal. Dann sagt er: »Aber du weißt doch, Schatz: Für dich geh ich durchs… und vor allem ans Feuer!«

Und wie wir uns später bei den ersten Schneeflocken um den Grill scharen, mit Glühwein für uns und Saft-Punsch für die Kinder, weiß ich, dass es jetzt doch passiert ist. Jetzt bin ich auch mit dem Grillwahnsinn infiziert.

ANMERKUNGEN
DER AUTORIN:

Es gibt eine Menge toller Internetseiten, auf denen man haufenweise Informationen rund ums Grillen findet. Besonders hilfreich fand ich:
Die Seite von Barbecue-Pit, www.bbqpit.de.
Hier gibt es übersichtliche Anleitungen zu Grillmethoden, Tipps zum Grillkauf und eine Menge toller Rezepte zu Fleisch und Beilagen. (Die Hamburger-Brötchen! Ein Traum!).

Natürlich den Grillsportverein (www.grillsportverein.de).
Hier bleibt wirklich keine Frage unbeantwortet! Viele engagierte und top informierte User, tolle Rezepte, ein Grill-Lexikon (Ich sag nur: Jehova!) und dazu natürlich jegliche Hintergrundinformationen zu allen Bereichen des Grillens.

Der größte Grillshop des Universums (oder war es doch Kölns?) ist
Santos Grillshop
Hafenstraße 1
51063 Köln

Und wer sich auch von Wurstgefühlen übermannen lassen möchte (oder einfach superleckere Würste selbst machen), der kann sich hier informieren:
www.wurstgefuehle.de

Die Grillmeisterschaft in Jüchen heißt Jucunda BBQ-Grillmeisterschaft und findet am ersten Sonntag im Juli statt.

Die Zitate aus der Grillbibel stammen aus
Jamie Purviance: *Weber's Grillbibel*
Gräfe und Unzer
© 2010

DANKE

Zu guter Letzt: Ein knuspriges Dankeschön (mit Grillmuster!) an meine Agentin Petra Hermanns, die mit ihrer Inspiration und großartigen Unterstützung dieses Buch möglich gemacht hat. An meine Lektorin Doreen Fröhlich für ihre Begeisterung und großes Engagement für das Projekt. An meine Freunde, die es tatsächlich mal geschafft haben, ohne Grill zu grillen. Und natürlich an meine Familie für viele wunderbare Grillnachmittage… und den ganzen Rest!

Um die ganze Welt des
GOLDMANN-*Sachbuch*-Programms
kennenzulernen, besuchen Sie uns doch
im **Internet** unter:

www.goldmann-verlag.de

Dort können Sie
nach weiteren interessanten Büchern *stöbern*,
Näheres über unsere *Autoren* erfahren,
in *Leseproben* blättern, alle *Termine* zu Lesungen und
Events finden und den *Newsletter* mit interessanten
Neuigkeiten, Gewinnspielen etc. abonnieren.

Ein *Gesamtverzeichnis* aller Goldmann Bücher finden
Sie dort ebenfalls.

Sehen Sie sich auch unsere *Videos* auf YouTube an und
werden Sie ein *Facebook*-Fan des Goldmann Verlags!

www.goldmann-verlag.de
www.facebook.com/goldmannverlag

GOLDMANN
Lesen erleben